Holger Wetzel / Alexander Schug

FRED&OTTO
unterwegs an der
Ostsee
Wanderführer für Hunde

Holger Wetzel / Alexander Schug

FRED & OTTO
unterwegs an der
Ostsee
Wanderführer für Hunde

Inhalt

Vorwort	8
Wandern mit Hund	10

Von Glücksburg bis Travemünde

Tour 01: Der nördlichste Landpunkt Deutschlands	19
Tour 02: Staunende Rinder und Charlotte steht still	25
Tour 03: Eine Insel mit zwei Bergen	31
Tour 04: Beim Landarzt zu Hause	37
Tour 05: In der Ruhe liegt die Kraft	43
Tour 06: Abenteuerspielplatz mit Hundebadestelle	49
Tour 07: Von Schwedeneck in die Feldmark	55
Tour 08: Kieler Förde	59
Tour 09: Schlosspark, Schlamm und schöne Aussicht	65
Tour 10: Nach Gut Panker in der Holsteinischen Schweiz	71
Tour 11: Im Herzen der Holsteinischen Schweiz	77
Tour 12: Die Sage vom Ukleisee	83
Tour 13: Fehmarn für jeden Geschmack	89
Tour 14: Unterwegs am Fehmarnsund	95
Tour 15: Über Stock und Stein – durch Meer und Matsch	101
Tour 16: Auf zum Brodtener Steilufer	107
Tour 17: Zum Stülper Huk und großen Pötten	113

Von Wismar bis Bad Doberan

Tour 18: Unterwegs in der Hansestadt Wismar	121
Tour 19: Abstecher auf die Insel Poel	127
Tour 20: Rundwanderung durchs Hellbachtal	133
Tour 21: Auf vier Pfoten durch die Kühlung	137
Tour 22: Zum Salzhaff und ins Ostseebad Rerik	141
Tour 23: Auf vier Pfoten den Mönchen auf der Spur	145
Tour 24: Hunde ins Hundehagener Holz	151

Von Rostock auf die Halbinsel Fischland-Darß-Zingst		
	Tour 25: Ins Hütelmoor und die Rostocker Heide	157
	Tour 26: Fischland erkunden	161
	Tour 27: Zum Darßer „Urwald"	165
	Tour 28: Die Leuchtturm-Tour	169
	Tour 29: sterhasen in den Osterwald	173

Rügen		
	Tour 30: Leuchtturmtour am Kap Arkona	179
	Tour 31: Die Schaabe, gar nicht schäbig	183
	Tour 32: Am Jasmunder Bodden	187
	Tour 33: Der ruhige Weg zum Königsstuhl	191
	Tour 34: Von Spyker nach Lietzow	195
	Tour 35: Auf die schwarzen Berge von Ralswiek	199
	Tour 36: Romantisches Rügen: Putbus bis Kasnevitz	203
	Tour 37: Schwarzer See, finnischer Krieger und das Jagdschloss Granitz	207
	Tour 38: Die Zickerschen Berge	213

Usedom	Tour 39: Rund um den Weißen Berg auf der Südspitze Gnitz	219
	Tour 40: Auf dem Hundeboulevard	223
	Tour 41: Von Benz nach Bansin durch die Usedomer Schweiz	229
	Tour 42: Rund um Golm zum höchsten „Berg" der Insel	235
	Tour 43: Einmal rund um Stolpe	241
	Tour 44: Einsamkeit im Lieper Winkel	245

Stettiner Haff	Tour 45: Anklamer Stadtbruch: die Everglades von MV	253
	Tour 46: Von Mönkebude nach Zarowmühl	257
	Tour 47: Die City-Tour durch Ueckermünde	261
	Tour 48: Von Bellin nach Warsin und einmal zurück	267
	Tour 49: Durch den Altwarper Forst zu den Binnendünen	271
	Tour 50: Um den Neuwarper See mit Ausflug nach Polen	277
	Tour 51: Luckow umkreisen	283
	Tour 52: Die Kultour: Zum Ukranenland und Castrum Turglowe	287

Vorwort

Auf an die Ostsee! Strand, Wasser, Steilklippen, salzige Luft... Für Hundewanderungen bieten sich die Ostseeküste und die vielen Inseln ideal an. Natürlich konnten nicht alle schönen Wanderungen der Region in diesem Buch Platz finden. Deshalb haben wir bei der Auswahl darauf geachtet, unterschiedliche Schwierigkeitsgrade, kurze und lange Routen, breite Flachlandwege und abenteuerlichere Pfade sowie die Vielfalt der verschiedenen Wanderregionen in Schleswig-Holstein und Vorpommern vorzustellen. So findet in diesem Wanderführer hoffentlich jedes Mensch-Hund-Gespann zahlreiche Anregungen für neue Ziele. Und ganz nebenbei: Die Lektüre enthält mit Sicherheit auch für Nichthundebesitzer interessante Routen und Informationen. Hintergrundinfos, Insidertipps und Wegecharakteristik gelten schließlich für alle gleich.

Hilfreich für alle sind zudem die GPS-Daten sowie das Kartenmaterial. Nicht zu vergessen sind die Artikel über das Thema Ausrüstung, Sicherheit im Gelände und besondere Aspekte beim Wandern mit Hund zu Anfang des Buches. Denn bevor es auf längere Touren geht, sollte man sich gut vorbereiten. Schließlich trägt der Hundebesitzer die Verantwortung für sich und seinen Vierbeiner.

Ein besonderer Dank gilt unseren Mitwanderern Frank Petrasch, Berenike Schaak und Denis Fracalossi. Sie haben uns und die Hunde auf vielen der Touren begleitet und Anregungen und Wissen über diese unglaublich schöne Wanderregion geteilt. Tatsächlich bietet die Ostseeküste eine unglaubliche Vielfalt an Landschaften: dichte Wälder, steile Küsten und stolze Kreidefelsen, Nationalparks, Strände und sogar Steppenlandschaften – aber vor allem: Wasser.

Wir wünschen abenteuerliche Wanderungen, wunderschöne Naturimpressionen und müde, glückliche Hunde nach langen gemeinsamen Touren!

Alexander Schug

Holger Wetzel

Was zu beachten ist …

Wandern mit Hund

Wandern mit Hund: Ist das etwas anderes als der tägliche Spaziergang? Ja, auf jeden Fall! Die Touren sind länger und haben unterschiedliche Schwierigkeitsgrade. Abseits bekannter Spazierwege gelten oft andere Regeln. Zudem gibt es zusätzliche Aspekte für den Vierbeiner zu berücksichtigen. Schließlich trägt der Besitzer die Verantwortung für sich und seinen besten Freund. In diesem Kapitel sind alle wichtigen Informationen kurz und bündig zusammengefasst.

Daten und Fakten zum Wanderführer

Der Wanderführer richtet sich an Urlauber genauso wie „Einheimische", die neue Routen entlang der Ostsee entdecken möchten. Die meisten Touren sind Rundwanderungen, bei denen unterwegs eine hundefreundliche Einkehrmöglichkeit besteht. Auch wurde bei der Auswahl darauf geachtet, Touren in unterschiedlicher Länge, für verschiedene Jahreszeiten und mit unterschiedlichen Schwierigkeitsgraden vorzustellen: leicht und mittelschwer. Die Kategorie „schwer" haben wir nach einiger Zeit gestrichen: Auf- und Abstiege wie in den Alpen gibt es hier nun nicht gerade, selbst wenn man an den Steilküsten Rügens beispielsweise manchmal zumindest die Illusion steiler Gebirgslandschaften vermittelt bekommt. Natürlich entspricht diese Einstufung individuellem Empfinden. Wobei die Einteilung auf einen durchschnittlich geübten Wanderer mit seinem Hund abgestimmt ist. Leichte Wanderungen entsprechen breiten Forst- oder Wanderwegen ohne nennenswerte Anstiege. Mittelschwere Wanderungen sind anspruchsvoller. Hier können lange Wege, Steigungen, schmale Pfade und eventuell Geröll, übergroße Steine, rutschige Wurzeln das Wandern erschweren. Gehzeiten entsprechen der allgemein üblichen Berechnung: Bei flachen Strecken wurden 4 Kilometer beziehungsweise 300 Höhenmeter pro Stunde kalkuliert.

Die Touren in diesem Wanderführer sind geografisch von West nach Ost nummeriert und entsprechend in den Klappkarten eingezeichnet. Detailbeschreibungen der Touren in diesem Buch wurden nach bestem Wissen und Gewissen recherchiert, wobei es möglich sein kann, dass Strecken sich ändern – die Natur verändert sich, Wege wuchern zu oder werden anders gelegt, deshalb freuen wir uns auch jederzeit auf Ihr Feedback.
Ein besonderer Service dieses Buches ist das Adressverzeichnis, das übersichtlich neben Touristeninformationen, Hotels und Gaststätten zudem

Ab ins Wasser… krönender Abschluss jeder Tour

Kontaktdaten von Tierärzten vor Ort enthält.

Wandern mit komoot

In diesem Buch sind alle wichtigen Informationen von der Anfahrt über die genaue Route inklusive GPS-Daten bis hin zu Verpflegungs- und Übernachtungsmöglichkeiten enthalten. Zusätzlich können alle Wanderungen und Karten via App auf das Smartphone geladen werden. Dazu muss zunächst die kostenfreie App „komoot" im App Store oder im Play Store heruntergeladen und installiert werden. Nachdem ein ebenfalls kostenfreier Account angelegt ist, kann man „FRED & OTTO unterwegs in …" bequem und einfach folgen. Dazu den Gutschein-Code (siehe vordere Klappe des Buches) im komoot-Menü eingetragen und los geht's.

Wandern – gut geplant macht doppelt Spaß

Jeder, der einen Vierbeiner hat, ist täglich draußen unterwegs. Doch anders als der Alltagsspaziergang, benötigt eine Wanderung etwas Vorbereitung. Wichtig ist dabei nicht nur die eigene Kondition, sondern auch die des Hundes richtig einzuschätzen. Entsprechend sollten dann Tourlänge, Schwierigkeitsgrad und Pausen darauf abgestimmt werden. Lange Wanderungen sind übrigens für Hundewelpen und Junghunde – je nach Rasse von 12 Monaten bis zu 2 Jahren – kranke sowie auch ältere Hunde nichts! Gleiches gilt für schwere und kurzbeinige Rassen oder untrainierte Hunde. Dementsprechend bitte Tourlänge und Schwierigkeitsgrad lieber zu langsam als zu schnell steigern.

Wetter und Gewitter

Es schadet nichts, sich selbst ein wenig in das Thema Wetterkunde einzuarbeiten. Erster Anhaltspunkt ist zum Beispiel die Himmelsfarbe. Hier gibt es zwei ganz einfache Sprüche, die sich jeder schnell merken kann: Romantisches Abendrot – Schönwetterbot. Morgenrot – Schlechtwetter droht.

Ein aufschlussreiches Bild über die Wetterentwicklung gibt die Wolkenformation. Einzelne, weit auseinandergezogene Zirrus- oder Federwolken weisen auf schönes Wetter hin. Falls sich diese jedoch verdichten und der Luftdruck fällt, ist mit Niederschlag zu rechnen. Achtung bei den sogenannten Ambosswolken (Cumunolimbuswolken): Hier ist mit einem schweren Unwetter zu rechnen.

Trotz aller Vorsicht ist keiner davor gefeit, vom Gewitter überrascht zu werden. Wer zwischen Blitz und Donner nicht mehr langsam bis zehn zählen kann, sollte sich schleunigst in Sicherheit bringen. Ein Blitz schlägt meist in die höchste Erhebung, zum Beispiel einen Baum, ein. Hier kann die Spannung auf den Menschen überspringen. Zudem bergen herabfallende Äste ein großes Verletzungsrisiko. Dementsprechend gilt bei Gewitter der Spruch: „(Nicht nur) vor Eichen sollst du weichen."

Als Wanderer sollte man auf jeden Fall das freie Feld verlassen, um nicht selbst die höchste Erhebung zu sein. Wer keine Chance mehr hat, Schutz zu suchen, hockt sich mit nah zueinanderstehenden Füßen – wobei jeder einzelne Wanderer gebührend Abstand zum Nächsten halten muss – auf den Boden. So gibt man eine möglichst kleine Angriffsfläche ab. Alle leitenden Gegenstände, wie zum Beispiel Wanderstöcke, werden dabei möglichst weit weg von Mensch und Tier platziert.

Die richtige Ausrüstung für den Menschen

„Am besten ist, wenn sich der Wanderer nach dem Mehrschichtensystem anzieht", erklärt Petra Thaller, Chefredakteurin und Herausgeberin der Mountains4U, dem interaktiven Tablet-Magazin für Bergsport- und Outdoor. „Das heißt, er trägt aufeinander abgestimmte Bekleidungsschichten aus Funktionswäsche, Wanderbekleidung, Wärmeschutz und Regenschutz. So wird es einem nie zu heiß oder zu kalt. Doch das Allerwichtigste beim Wandern sind gut eingelaufene, nicht zu kleine Wanderschuhe mit robuster Profilsohle." Wobei es laut der Outdoorspezialistin reine Geschmackssache ist, ob sich der Wanderer für leichte Trekkingschuhe oder robuster Wanderstiefel entscheidet. Nur sollte er unbedingt auch auf funktionelle Socken achten, sonst ist die erste Blase bald vorprogrammiert. Und wer Knieprobleme hat, dem helfen ein paar praktische Teleskopwanderstöcke den Abhang hinab.

Für Tageswanderungen reicht ein Rucksack von 20–35 Liter Volumen. Richtig gepackt, ist er beim Tragen kaum mehr zu spüren und schont zudem den Rücken. Dafür sollte der Schwerpunkt relativ hoch, dicht am Körper und möglichst in Schulterhöhe liegen – so zieht der Rucksack beim Tragen nicht nach hinten. Während kleine Utensilien in das Deckenfach kommen, ist das Hauptfach für Bekleidung und Proviant vorgesehen. Die Last wird vom Hüftgurt und nicht von den Schultergurten getragen. Letztere also nicht zu stramm ziehen.

In den Rucksack gehören auf jeden Fall 1–2 Liter Wasser, Proviant wie Müsliriegel, Traubenzucker und (Trocken-)Obst sowie eine Wanderkarte. Standard sollten zudem ein Erste-Hilfe-Set mit Rettungsdecke, Taschentüchern und Sonnenschutz sein. Bewährt haben sich als Zusatzgepäck ein paar Ersatzsocken, Ersatzschnürsenkel, ein Multifunktionsmesser sowie eine Stirnlampe. Mittlerweile geht kaum jemand mehr ohne Mobiltelefon aus dem Haus. Damit es auch unterwegs zuverlässig funktioniert, gibt es kleine, leichte Zusatzakkus, die den Handybetrieb nochmals um einiges verlängern. Fotofreunde packen zudem ihre Kamera ein. Pilz-, Kräuter- und Beerensammler haben eine Extra-Tasche für ihre Fundstücke im Gepäck.

Das braucht der Hund unterwegs

Während die klassische Leine im Flachland wandertauglich ist, sollte der Hund bei anspruchsvolleren Touren ein Brustgeschirr tragen. Als Verbindung zum Menschen ist dann entweder eine Flexileine oder eine spezielle Gummileine zu empfehlen. So schleift nichts auf dem Boden herum. Wer mit Wanderstöcken läuft, bindet sich zudem einen Hüftgurt für die Leine um oder befestigt diese per Karabinerhaken – mit entsprechender Notauslösung – am Gürtel. Ins Hundegepäck gehören ein faltbarer Napf sowie eine kleine Notfallapotheke, die neben den Standards für den Menschen zudem Watte, eine Zeckenzange sowie eine Maulschlinge enthält. Auch wenn man sich in der Natur befindet, sollte der Hundekot zum Beispiel bei Weidewiesen und überall da, wo sich Mensch oder Tier ernähren, hinstellen oder hinsetzen könnten, eingesammelt werden. Man mache sich dabei bewusst, dass, sofern der Kot auf den Wiesen liegen bleibt und von Kühen versehentlich verspeist wird, indirekt wieder in unserer Nahrungskette auf dem Tisch landet. Abgesehen davon wird vermutet, dass Hundekot im Viehfutter (Gras/

Heu) für Kälbersterben verantwortlich ist. Eine gut verschlossene Plastikbox bringt die befüllte Hundetüte sicher zum nächsten Abfallbehälter.

Im Gegensatz zum Menschen braucht der Vierbeiner unterwegs keine große Mahlzeit. Wasser, etwas Obst, Leckerlies o.ä. tun es auch. Gefressen wird entweder rechtzeitig – also mindestens 1,5 Stunden – vor der Wanderung sowie danach aufgrund des erhöhten Energiebedarfs. Wer Mikrofaserhandtücher im Gepäck hat, kann einen nassen Hund vor dem Betreten des Gasthauses abtrocknen. Ein zweites Tuch dient als Liegefläche für kalte Böden.

Zu guter Letzt sollte der Hund auch eine zuverlässige Grunderziehung mitbringen. Befehle wie „Sitz", „Platz", „Stopp" und „Bleib" sind Voraussetzung für ein entspanntes Wandern. Auch wenn man sich allein in der Natur befindet – spätestens im Gasthaus trifft man auf Menschen und eventuell andere Vierbeiner: Dementsprechend ist die Sozialverträglichkeit des Vierbeiners äußerst hilfreich für Wanderungen.

Verantwortung für den Hund, die Natur und Mitmenschen

Als Mensch und Wanderer müssen wir für unseren vierbeinigen Begleiter mitdenken. Zwar ist der Hund mit natürlichem Allrad ausgestattet und sucht sich intuitiv immer den besten Weg, dem auch wir Menschen folgen können. Doch man bedenke bei langen oder auch Mehrtagestouren, dass der Hund normalerweise 17 bis 20 Stunden Ruhe am Tag benötigt. Dementsprechend also zwischendrin Pausen einplanen.

Steile Wege, etwa an den Steilküsten, sind für Hunde in der Regel kein Problem, wobei zu viel davon bergrunter auf die Gelenke geht. Schwierigkeiten könnten sie aber z. B. an Gitterrosten haben. Gerade ängstliche Tiere sollten auf solche Hindernisse langsam vorbereitet werden. Was der Mensch aufgrund der Wanderschuhe kaum merkt, ist für den Hund eine Tortur: scharfe, spitzkantige Steine und Dornen. Am besten die Ballen regelmäßig prüfen und bei Bedarf mit Melkfett o.ä. einreiben oder Pfotenschuhe tragen lassen. Sollte man sich während der Wanderung verlaufen, auf jeden Fall zur letzten bekannten Wegmarkierung zurückkehren oder auf breiten Forstwegen wandern.

Ein besonders heikles Thema ist die Kombination Hund und Kuh. Gerade im Frühjahr reagieren Mutterkühe empfindlich auf unsere Vierbeiner. Ganz besonders schlimm ist es, wenn Hunde auch noch bellen oder eventuell hektisch herumlaufen. Deshalb gilt in der Regel das Anleingebot. Eine angriffslustige Kuh erkennt man übrigens am Schnauben, dann senkt sie den Kopf und prescht los. Neben Kühen gilt es unterwegs auch auf Wild zu achten! Denn auch der bravste Hund findet ein davonlaufendes Reh

Die Natur ist ein sensibles System, auf das wir achten müssen

interessant. Man bedenke dabei: Ein wildernder Hund darf von Jägern erschossen werden!

Auch entlang der Ostsee wird man auf unseren Touren in Gefilde kommen, die fast menschenleer sind, wild, ursprünglich. Zudem: Wer auf dem Land ist, der begegnet definitiv anderen Tieren in den Dörfern, die oftmals Ausgangspunkt der Touren sind: Katzen, Ziegen, Schafen und Hühnern oder Gänsen, die auf den Höfen gehalten werden oder manchmal auch frei herumlaufen. Das ist die Realität des Landlebens – also liebe Metropolitaner: Nicht wundern – und bitte Rücksicht nehmen!

Wer sich gerne in der Natur bewegt, dem liegt das Thema Naturschutz sicher am Herzen. Dementsprechend wandert der rücksichtsvolle Mensch in Naturschutzgebieten auf den markierten Wegen. So werden keine Anpflanzungen zerstört oder Bodenbrüter aufgeschreckt. Seltene Pflanzen dürfen zwar bestaunt, aber nicht abgepflückt werden. Und natürlich wird der eigene Müll mitgenommen und in der Zivilisation entsorgt.

Und: In ganz Schleswig-Holstein und Mecklenburg-Vorpommern gilt weitgehend offiziell das Anleingebot. Wer den Hund frei laufen lässt, handelt auf eigene Gefahr, auch wenn in der Regel wohl nichts passieren wird. Für unsere Fotos haben wir die Hunde ab und an abgeleint – rein zu fotografischen Zwecken. Das Abbilden der freilaufenden Hunde ist kein Verweis darauf, dass an bestimmten Stellen kein Anleingebot gilt.

Viel Spaß beim Wandern, der Ruhe im Wald, frischer Luft an der See, Ausgeglichenheit. Weidmannsheil.

Von Glücksburg
bis Travemünde

TOUR 1

Abwechslungsreicher Dänemarkblick mit viel Wind von vorne

Der nördlichste Landpunkt Deutschlands

Hundefreundlichkeit: Viel frische Brise von vorn, wenn man die Runde im Uhrzeigersinn geht. Verwunschene Pfade wechseln sich mit leichten Strandabschnitten ab. Sehr empfehlenswert an windigen Tagen – dann ist am Strand nichts los und der Hund kann nach Herzenslust toben.

Tour-Info	↔ 10,5 km	🕒 2 Std.	⇅ 16 / 1 m
Kategorie:	leicht		
Start-Ziel:	Glücksburg, OT Schausende, Am Leuchtturm		
GPS:	54°51'40.0"N 9°34'24.4"E		
Markierung:	„Fördestieg" / blaues Dreieck auf weißem Grund		
Wegecharakteristik:	41 % Weg – 20 % Nebenstraße – 20 % Straße – 19 % Wanderweg		

Hier oben fängt Deutschland an. Kurz vor der dänischen Grenze, eine knappe halbe Stunde hinter Flensburg, taucht hinter dem Naturschutzgebiet Pugum der Leuchtturm Holnis auf. Als Ausgangspunkt der Wanderung dient der Ortsteil Schausende. Hier kann kostenlos an der Straße geparkt werden. Zunächst für der Weg zwischen Gärten und Ferienhäusern hindurch. Der **1** Leuchtturm wird an der scharfen Rechtskurve links liegen gelassen. Nach gut 200 m auf dem geschotterten Weg biegt linker Hand ein schmaler Durchgang ab. Hier geht es direkt an die Flensburger Förde. Der gut ausgebaute Weg ist mit dem Hinweisschild „Fördestieg" versehen. Nach links schauend leuchtet am gegenüberliegenden Ufer der Förde bereits Dänemark in der Sonne. Der Weg ist auch bei nassem Wetter gut zu laufen. Nur an einigen Stellen drängen einen größere Pfützen an den Wegesrand. Hoch oberhalb der Steilküste schlängelt sich der Pfad entlang. Hinter den **2** drei Häusern, die man auf der linken Seite passiert, biegt man rechts auf den breiten Fahrweg ab. Nach 300 m – in der Rechtskurve – geht es links

Weiter nördlich geht's an der deutschen Ostsee nicht: Holnis

auf den Feldweg in Richtung Meer. Jetzt noch schnell durch das Gatter (bitte wieder schließen) und dann ist man direkt am unbewirtschafteten Naturstrand. Hier sieht es je nach Wetterlage manchmal reinweiß und aufgeräumt aus; wenn der Wind aus Osten bläst, schwemmt die Ostsee allerlei Strandgut an. Am Strand kann sich der Hund nach Herzenslust austoben und so langsam rückt das Highlight dieser Wanderung ins Blickfeld, der **3** nördlichste Festlands-Zipfel Deutschlands. Je nach Windrichtung und Wetterlage schwankt die Atmosphäre hier zwischen beeindruckend und atemberaubend. Dem Ufer noch ein kurzes Stück folgend geht es nun leicht rechts die Anhöhe hinauf. Man könnte auch geradeaus am Wasser weitergehen, aber der Strand wird hier sehr steinig, was nicht für jeden Hund angenehm ist. Am Ende des Weges, wenn der windgeschützte Weg in offenes Feld übergeht, geht es für gut 2 km immer geradeaus in Richtung

Wildromantisch: Der Naturstrand ist ein Abenteuerspielplatz

Holnis. Das Fährhaus Holnis, das in einer kleinen Ortslage passiert wird, darf mit Hunden leider nicht zur Rast betreten werden. Kleiner Trost: Ca. 800 m weiter beginnt auf der linken Seite des Weges der Badestrand. Außerhalb der Saison können die Hunde wieder ans Wasser und sich noch einmal kräftig austoben. Ob Strand oder die etwas weiter rechts verlaufende Promenade: Dem Weg folgend geht es durch Holnis hindurch, am Campingplatz und dem großen Zeltplatz vorbei (beide auf der rechten Seite). Am Ende der Straße biegt man nach 250 m links ab, um dann an der **4** großen Tonne, der sogenannten „Schwiegermutter" die Hauptstraße zu überqueren.

Jetzt geht es dem Fußweg folgend an beschaulichen Vorgärten und durch unberührte Wiesen und Felder wieder zurück nach Schausende. Wenn man nach 2 km auf der linken Seite die Marina des 5 Club Nautic sieht, dann hat man es fast geschafft. Der Straße folgend noch die kurze Anhöhe hinauf, die der leichten Rechtskurve folgt und dann taucht auch schon die Bushaltestelle auf, an der unsere Tour gestartet ist.

Tipp

Der Leuchtturm Holnis, bei dem unsere Tour startet, ist der nördlichste Leuchtturm an der deutschen Ostseeküste. Leider kann der Leuchtturm nicht besichtigt werden. Wer keinen Roaming-Tarif auf seinem Mobiltelefon hat, sollte dieses in den Flugmodus schalten. Teilweise ist der Empfang im deutschen Netz hier oben so schlecht, dass sich das Telefon automatisch ein dänisches Netz einwählt.

Hintergrund

Eine lokale Sage erklärt den Namen Holnis wie folgt: Der Doktor Faust, den man in der Gegend manchmal auch als Teufel bezeichnete, fuhr mit einem Nis, der in seinem Dienst stand, über die Förde. Natürlich war der liebe Gott Doktor Faust nicht wohlgesonnen und trieb ihn vor sich her. Die beiden in einen starken Wind, und das gläserne Schiff, mit dem der teuflische Doktor die Tiefen und Untiefen des Meeres erforschte und Seekarten fertigte, drohte am Zugang zum Flensburger Hafen zu kentern. Faust war zwar eine riesenhafte Gestalt, aber er fürchtete den Untergang. Der Doktor rief also „Hol Nis", denn der Nis sollte die Segel einholen und das Schiff zum Halten bringen. Das gelang ihm auch und so entronn Doktor Faust der göttlichen Strafe. Der Nis konnte aufatmen und seitdem heißt die dortige Halbinsel Holnis.

Info

H Bus 21 der VGSF (Verkehrsgesellschaft Schleswig-Flensburg) bis Haltestelle „Am Leuchtturm"

P Siedlung Schausende, Straße „Am Leuchtturm"

Kompass-Wanderkarten Flensburg / Flensborg - Kappeln WK 707

Club Nautic
Am Leuchtturm
24960 Glücksburg (Ostsee)
Tel.: 04631-406069
www.club-nautic.de
(Oktober bis April: Sa. & So. 12:00 - 18:00 Uhr - April bis Oktober: Mo. Ruhetag, Di.- Fr. 15:00 - 20:00 Uhr, Sa. & So. 12:00 - 20:00 Uhr)

Lodge am Meer
Drei 5
24960 Glücksburg OT Holnis
Tel.: 04631-61000
www.cafe-drei.de

Strandhotel Glücksburg
Kirstenstraße 6
24960 Glücksburg (Ostsee)
Tel.: 04631-61410
www.strandhotel-gluecksburg.de

i Tourist-Information Glücksburg
Rathaus, EG
Schinderdamm 5
24960 Glücksburg
Tel.: 04631-451100
www.gluecksburg.de

Kleintierpraxis Henningsen
Dr. Barbara Henningsen
Engelsbyer Straße 47
24943 Flensburg
Tel.: 0461-6742444
www.gluecklichetiere.de

TOUR 2

Geltinger Birk – Mühle Charlotte – das schönste Ende der Welt

Staunende Rinder und Charlotte steht still

Hundefreundlichkeit: Auf dieser Tour begegnen einem selbst zur Hochsaison kaum andere Menschen. Das liegt daran, dass auf der gesamten Runde kein WC und kein Café liegen und es keine Sehenswürdigkeit zu bestaunen gibt. Während der Brutzeit sollte der Hund während des ersten Drittels der Tour an der Leine geführt werden. Sobald die Nabu-Station passiert ist, kann der Hund frei laufen. Lediglich beim Nutzen der (legalen und ausgeschilderten Abkürzung über die Rinderweide) muss der Hund angeleint werden. Auf dem Rückweg erwartet im Dorf Nieby Mischlingshündin Paula durchwandernde Touristen und Hunde – und ja, die tut wirklich nichts und will tatsächlich nur spielen.

Tour-Info	↔	⏲	↕
	12 km	2,5 Std.	14 / 1 m
Kategorie:	mittelschwer		
Start-Ziel:	Nieby, Goldhöftberg, Parkplatz am Infostand / Kiosk / Mühle Charlotte		
GPS:	54°46'08.4"N 9°54'28.2"E		
Markierung:	Krötenweg / Mövenweg / Rinderweg / Konikweg		
Wegecharakteristik:	59 % Weg – 19 % Straße – 8 % Nebenstraße – 7 % Bergwanderweg – 7 % Wanderweg		

Am Parkplatz Goldhöftberg angekommen gibt es zwei Möglichkeiten, die Tour zu beginnen: Im Uhrzeigersinn, an der Mühle Charlotte vorbei, die Sonne von vorn und den Wind von hinten oder nach rechts startend, mit der Sonne im Rücken gegen den Wind. Empfehlenswerter ist es, an der **1** Mühle Charlotte vorbei in Richtung **2** Schutzstation zu gehen. Auf dem sehr gut ausgebauten Wanderweg kommen einem vereinzelt Spaziergänger entgegen und Hinweisschilder weisen sehr prominent darauf hin, dass der Hund an der Leine geführt werden muss. Nach 1,5 km halblinks halten und nach weiteren 400 m den ausgetretenen, breiten Trampelpfad einschlagen. Hier kann der Hund von der Leine gelassen werden. In Laufrichtung gesehen links

TOUR
2

Geht man im Uhrzeigersinn, kommt der Wind eher von hinten

ist der Weg eingezäunt; dahinter liegt ein Brutgebiet, das Meer schließt sich an. Nun geht es immer weiter, mittlerweile wieder auf gut ausgebauten Wanderweg entlang. Leider stehen auf den ganzen etwas mehr als 6 km bis zur **3** Abzweigung nur drei Bänke, die zur Rast einladen. An der Abzweigung geht es links durch das kleine Wäldchen schräg zurück nach unten in Richtung Gatter: Hier muss der Hund an die Leine gelegt werden, da der Weg die nächsten 600 m über eine offene Rinderweide führt. Rechterhand liegen flache, abgerundete Steinplatten, die einem den Weg über die Weide weisen. Die Rinder halten von sich aus einen gebührenden Abstand und wenn man hier zügig weitergeht, schauen sie einem lediglich interessiert, aber unaufgeregt hinterher. Achtung: Nicht streicheln! Am **4** Ende der Weide wartet wieder ein Gatter, das durchschritten wird. Danach macht der Weg – hinter der Hecke – einen scharfen Linksknick und jetzt geht

In der Geltinger Birk kommt keiner vom rechten Weg ab

es für 2,5 km den gut ausgebauten Koppelweg entlang; um das ehemalige Bundeswehrgelände herum bis zur 5 Kreuzung am Reetdachhaus. Jetzt muss der Hund kurz angeleint werden, weil es ein kurzes Stück auf dem Bürgersteig an der Straße entlanggeht: Also rechts und nach 600 m wieder rechts abbiegen, in die Dorfstraße. Auf dem Bauernhof, der rechterhand in der Linkskurve liegt, wohnt übrigens Paula, eine sehr aufgeweckte, schwarzweiße Mischlingshündin. Sie begrüßt jeden Spaziergänger sehr freudig, egal, ob mit oder ohne Hund. Paula will tatsächlich nur spielen. Nun geht es weiter den asphaltierten Feldweg entlang bis zum 6 Reiterhof: Dort scharf links auf die Schotterpiste abbiegen. Das Hinweisschild zur Mühle Charlotte zeigt nicht immer die korrekte Richtung an; Scherzkekse scheinen sich einen Spaß daraus zu machen, es in beliebige Richtungen zu drehen. Die Vogelscheuchen links auf dem Acker sind ein schönes Fotomotiv. Dem Reitweg folgen und dann nach 750 m rechts abbiegen und weiter dem Reitweg folgen. 300 m weiter macht der Weg einen Linksknick und es geht über eine kleine, hölzerne Brücke. Dahinter sofort rechts halten und den Reitweg zurück zum Parkplatz gehen. Besonders auf diesen letzten 800 m sind Gummistiefel ein Segen, da der Weg von Pferden sehr ausgetreten ist.

Tipp

Für diese Wanderung unbedingt Gummistiefel anziehen, da die Tour über Reitwege führt, die insbesondere an regenreichen Tagen sehr ausgetreten und matschig sein können. Nach ca. 6 km gibt es zwei Möglichkeiten: Entweder wie beschrieben rechts durch das kleine Wäldchen dem Krötenweg folgen (Achtung: freilaufende Rinder – Hund bitte an die kurze Leine nehmen) oder geradeaus weitergehen und nach knapp 2 km rechts auf die Straße „Falshöft" abbiegen. Dann erreicht man nach einem knappen km rechter Hand das Café Lichthof. Gut gestärkt geht es dann weiter auf der Runde zum Ausgangspunkt an der Mühle Charlotte zurück.

Hintergrund

Die heute in Privatbesitz befindliche Mühle „Charlotte" am Eingang zur Geltinger Birk soll ihren Namen übrigens nach der Oberstallmeisterin Charlotte von Plessen haben. Die geborene Herzogin von Mecklenburg verstarb 1822 auf Schloss Gelting. Auch das Schloss ist in Privatbesitz von Victor Baron von Hobe-Gelting.

Info

🚌	kein ÖPNV
🅿	Kostenfreier Parkplatz mit WC und Infopoint
🗺	Kompass-Wanderkarten Ostseefjord Schlei - Schleswig WK 708
🍴	Café Lichthof Dr. Jutta Schulke-Vandre Falshöft 29 24395 Nieby Tel.: 04643-1354 www.lichthof-angeln.de Gasthof Gelting Ilona Henningsen Norderholm 28 24395 Gelting Tel.: 04643-2203 www.gasthof-gelting.de
🛏	Gasthof Gelting Ilona Henningsen Norderholm 28 24395 Gelting Tel.: 04643-2203 www.gasthof-gelting.de
ℹ	Touristeninformation Gelting Nordstraße 1a (an der B199) 24395 Gelting Tel.: 04643-777 www.ferienlandostsee.de
✚	Tierarztpraxis Gelting Heike Madsen Nordstraße 9 24395 Gelting Tel.: 04643-186969 www.tierarztpraxis-gelting.de

TOUR 3

Sandstrand – Schlei – Seegelbote

Eine Insel mit zwei Bergen

Hundefreundlichkeit: Auf dieser Tour kann der Hund ungestört herumtollen. Radfahrer und Fußgänger müssen sich den Deich nämlich nicht teilen: Jeder hat seinen eigenen Bereich. Der sandige und nur wenig steinige Strandabschnitt liegt außerhalb des Naturschutzgebietes und verführt die Vierbeiner zum Bad im Meer.

Tour-Info	↔ 9 km	⏲ 2 Std.	↕ 5 / 1 m
Kategorie:	leicht		
Start-Ziel:	Maasholm, Parkplatz am Ortseingang		
GPS:	54°41'14.4"N 9°59'36.1"E		
Markierung:	Ostseefjord Schlei		
Wegecharakteristik:	50 % Weg – 43 % Wanderweg – 5 % Nebenstraße – 2 % Strand		

Los geht's auf dem Parkplatz „Tüünlüüd" am Ortseingang. Schnell über die kleine Straße zum Wasser und dann nach links auf dem Fußweg in Richtung Hafen. Zunächst folgt man den Schildern „de Maas rund", die einen an den kleinen Hafenmolen, an der Werft vorbei und am Yachthafen entlang lotsen. An der Kreuzung hinter der **1** Werft biegt man rechts ab. Das Schild „Befahren Verboten" und die geschlossene rot-weiße Schranke braucht Wanderer nicht zu stören: Der Hinweis gilt lediglich für Autofahrer. An der „Schleikante", so heißt diese Straße, geht es gerade aus an der Fischverarbeitung und dem Imbiss vorbei. Nach 1 knappen km ist das erste wichtige Zwischenziel erreicht. Jetzt kann der Hund abgeleint werden. Das Schöne an Maasholm ist, dass Wanderer und Spaziergänger auf dem Deich laufen können und Fahrradfahrer einen separaten Weg unten am Fuß des Deiches haben. Das entspannt die Situation, weil der Hund dadurch problemlos zwischen Deich, Wiese und Wasserkante hin- und herlaufen kann. Schön ist die **2** Badestelle für Hunde, die man nach 1,7 km erreicht. Eine sanfte

Maasholm war eine Insel. Am Strand steht die Zeit still

Flachwasserzone ohne größere Steine lädt zum Pausieren im warmen Sand ein, während sich der Hund im Wasser abkühlt. Da es sich bei dem Wasser an dieser Stelle um Schleiwasser handelt, das durch den natürlichen Dünengürtel von der Ostsee abgeschirmt ist, kann

Hintergrund

Maasholm war ursprünglich eine Insel. Noch heute ist das Dorf nur über einen Damm oder vom Wasser aus zu erreichen. 1997 wurde die im Gemeindegebiet liegende ehemalige Flugabwehrraketenstellung in einen Naturerlebnisraum umgewandelt.

An der Schleimündung haben Hunde ihren eigenen Badestrand

es im Winter passieren, dass die Fläche übergefroren ist. Wenn man auf dem Deich weitergeht, erreicht man weiteren knapp 2,5 km die **3** kleine Holzhütte der Seevogel-Schutzstation „Oehe Schleimünde". Rechts hinter der Hütte und dem Zaun kann man bis zum Ende des Dünengürtels laufen. Dann ist man auf der Spitze „Schleimünde", gegenüber von Port Olpenitz. Hier fließt die Schlei in die Ostsee. Da man seinen Hund in diesem Naturschutzgebiet streng kontrolliert und verständlicherweise nur an der Leine führen darf, biegt man hier besser nach links ab. Entweder oben auf dem Deich oder kurz durch die Dünen spaziert, unten an der Wasserkante, direkt an der Ostsee entlang. Für mehr als 2 km geht es jetzt geradeaus, um kurz vor dem hübschen Gutshof „Oehe" links vom Deich schräg zurückzugehen. Für 600 m folgt man nun dem Weg, der erst durch den Wald, und dann durch die Feldmark führt. Es lohnt sich, rechts ins **4** Dorf abzubiegen und 1 gemächlichen km erhellende Einblicke in die Kunst norddeutscher Vorgartengestaltung zu erlangen. Nach der Dorfbesichtigung wartet nämlich wieder die Schlei mit ihrem herrlichen Panorama auf Hund und Halter. An der **5** Kreuzung geht man kurz über die Straße und hält sich dann links, immer dem Wanderweg direkt am Schlei-Ufer entlang, bis man wieder am geparkten Auto am Parkplatz „Tüünlüüd" ankommt.

Info

H	Linie 1608 vom ZOB in Kappeln nach Maasholm, Haltestelle „Bad"
P	Öffentlicher Parkplatz „Tüünlüüd" (gebührenfrei)
🗺	Kompass-Wanderkarten Ostseefjord Schlei-Schleswig WK 708
🍴	Restaurant Störtebeker Hauptstraße 36 24404 Maasholm Tel.: 04642-69150 www.stoertebeker-maasholm.de Café Sand am Meer Hauptstraße 13 24404 Maasholm Tel.: 04642-969963 www.cafe-sand-am-meer.de
🛏	Hotel-Restaurant Am Schleieck Schmiedestraße 140 24404 Maasholm Tel.: 04642-6016 www.schleieck-maasholm.de
i	Ostseefjord Schlei GmbH Geschäftsstelle Plessenstraße 7 24837 Schleswig Tel.: 04621-850050 www.ostseefjordschlei.de
✚	Tierarztpraxis Dr. med. vet. Thomas Meyer Prinzenstraße 56 24376 Kappeln Tel.: 04642-3707 www.vogeltierarzt-kappeln.de

Tipp

Nach 6 km besteht die Möglichkeit, beim Gut Oehe die Tour noch etwas weiter auszudehnen und noch 500 m weiter geradeaus am Strand oder auf dem Deich zu gehen. Dann links abbiegen. Nach 500 m geht der gut befestigte Wanderweg in die Nebenstraße „Oehe" über. Halbrechts der kleinen Straße für 700 m folgen. Am Ende der Straße – mit Blick auf die Schlei – links abbiegen. Die restlichen 2,6 km am Ufer der Schlei entlang ist der Weg dann wieder mit der ursprünglichen Route identisch.

TOUR 4

Mückenschutz und Gummistiefel –
über Stock und Stein – viel frischer Wind

Beim Landarzt zu Hause

Hundefreundlichkeit: **Hunde werden diese Tour lieben. Ganz gleich ob durch den Wald, am Schlei-Ufer entlang oder auf dem Teilstück durch die Feldmark: Hier ist freies Laufen angesagt. Je nach Richtung der Tour wartet am Anfang, am Ende oder zur Halbzeit der Tour eine Badestelle für Hunde.**

Tour-Info	↔ 8,5 km	🕐 2 Std.	↕ 18 / 1 m
Kategorie:	mittelschwer		
Start-Ziel:	Rieseby, Gut Stubbe		
GPS:	54°34'22.7"N 9°49'34.3"E		
Markierung:	„Schleiwanderweg" / zweite Hälfte ohne Markierung		
Wegecharakteristik:	75 % Wanderweg – 23 % Weg – 2 % Bergwanderweg – 1 % Straße		

Man sollte sich von den Schildern „Privatgrundstück - Betreten verboten", die einem auf dieser Tour begegnen, nicht abschrecken lassen. Ganz klein findet sich der Hinweis, dass für Wanderer, die auf dem Schleiwanderweg unterwegs sind, der Durchgang gestattet ist. Wär ja auch schade gewesen. Denn so kommen Hund und Halter in den Genuss einer abwechslungsreichen Tour die vom Startpunkt aus über die Bahngleise hinweg mitten durch die **1** Gutsanlage Stubbe führt. Freilaufende Hühner und Gänse beäugen brav angeleinte Hunde eher skeptisch als ängstlich. Einfach munter drauf los, am eleganten Torhaus vorbei den Hof überquert und links der großen Scheune weiter den Schleiwanderweg. Nach knapp 500 m hält man sich halblinks den „Berg" hinauf. Eigentlich ist es ja nur ein Hügel, aber für norddeutsche Verhältnisse sind die 42 Höhenmeter schon recht ordentlich. Der Weg führt direkt am entweder am Schlei-Ufer entlang (Hunde haben hier viele Möglichkeiten, ins Wasser zu springen) oder er wechselt zu einer Art Steilufer mit einem prächtigen Panoramablick durch die Bäume über das Wasser zum ⊙ Landarztcafé oder der einzigen ⊙ Brücke

Nicht nur der Landarzt liebt die Schlei

in Deutschland, die sich Fußgänger, Radfahrer, Autos und die Bahn teilen müssen. Wenn Radfahrer per Knopfdruck „grün" anfordern, müssen alle anderen Verkehrsteilnehmer anhalten. Auf unserer Tour hält man höchstens zwischendurch an, um seinen Mückenschutz zu erneuern. Denn überall dort, wo der Höhenweg wieder hinunter auf Schlei-Niveau kommt und kleine Bachläufe in den Fluss münden, tummeln sich besonders im Frühling und Sommer viele Mückenschwärme. Den Hund

Hintergrund

Auf dem Gelände des heutigen Gutes Stubbe leben seit 1197 Menschen. Heute wohnen 17 Familien auf dem Gutsgelände in hübsch anzuschauenden und denkmalgerecht sanierten Gebäuden. Obwohl im Privatbesitz, ist es Spaziergängern und Wanderern auf dem Schleiwanderweg erlaubt, das Gelände zu überqueren. Hunde müssen für das kurze Stück an der Leine geführt werden. Zum Gutshof gehören auch ein Hofladen und ein Hofcafé, wenige Hundert Meter die Straße vom Ausgangsparkplatz entlang den Bahnschienen folgend. www.gut-stubbe.de/obsthof

stört es nicht, er scheint bereits die mücken- und schlammfreie 2 Badestelle zu wittern, die nach 3,8 km in der Linkskurve rechts am Wasser wartet. Zwischendurch gilt es noch kurz, das Gelände des Ruder- und Segelclubs zu überqueren. Auch hier gilt: Hunde an die Leine, und munter weiter spaziert. Nach dem entschlammenden Bad hält man sich am Gut Büstorf scharf links und geht den liebevoll mit im Laufe der Jahrhunderte abgerundeten Steinen gepflasterten Weg quer über den Hof. Bei den 3 drei Findlingen schlägt man den Weg nach Links ein, vorbei an einem alten Traktor (bezeichnenderweise ein „Terrier") und einem Schober mit sorgsam gestapeltem und beschrifteten Kaminholz. Diesen gut befestigten Weg geht es nun für etwas mehr als 2 km entlang, durch Spargelfelder, Rapsfelder, grüne Wiesen und schattige Wäldchen. An der 4 Kreuzung hält man sich links und folgt dem Weg an der (meistens) geschlossenen Schranke und dem linker Hand versteckt im Grün liegenden Haus vorbei, bis man aus dem Wald wieder herauskommt und das freie Feld vor sich hat. Nach

Werbung

einem erneuten Linksschwenk führt der Weg nun von hinten zurück auf das Gut Stubbe (Achtung: 🏠 Hühner). An der Scheune angekommen, geht man sich rechts haltend die Allee wieder bis zu den Bahnschienen zurück, überquert diese und hat den Ausgangspunkt dieser Wanderung erreicht.

Tipp

Nach knapp 2,5 Kilometern besteht die Möglichkeit, durch den Wald abzukürzen und gut 3 km Strecke zu sparen. Dann verpasst man aber die Badestelle für den Hund. Den Wanderparkplatz bei km 4 kann man auch als Startpunkt der Tour nehmen. Dann einfach „Gut Büstorf, 24354 Rieseby" ins Navigationssystem eingeben. Bei dieser Variante empfiehlt es sich, gegen den Uhrzeigersinn zu laufen, damit sich der Hund erstmal nach Herzenslust im Wasser und im Wald austoben kann. An windstillen Tagen im Frühling empfiehlt es sich, vor Antritt der Tour ein Mückenschutzmittel aufzusprühen. Besonders im ersten Tour-Drittel gibt es einige Stellen, an denen im Wald kleine Bachläufe in die Schlei münden. Hier stoben beim Durchlaufen viele Mückenschwärme auf.

Info

🅗	kein ÖPNV
🅟	Naturparkplatz an der Einfahrt zum Gut Stubbe
🗺	Kompass-Wanderkarten Ostseefjord Schlei - Schleswig WK 708
🍴	Café & Hofladen Obsthof Stubbe Lindaunisbrücke 3 24354 Rieseby Tel.: 04355-1458 www.gut-stubbe.de Café Lindauhof Lindauhof 4 24392 Boren Tel.: 04641-3710 www.lindauhof.de
🛏	Pierspeicher Gästehaus am Kappelner Schlei-Ufer Am Hafen 19c 24376 Kappeln Tel.: 04642-924780 www.pierspeicher.de
ℹ	Touristeninformation Kappeln Schleswiger Straße 1 24376 Kappeln Tel.: 04642-4027 www.touristikverein-kappeln.de
✚	Vogeltierarzt Kappeln Dr. med. vet. Thomas Meyer Prinzenstraße 56 24376 Kappeln Tel.: 04642-3707 www.vogeltierarzt-kappeln.de

Hüttener Berge – Bistensee – leichtes Laufen ohne Überraschungen

In der Ruhe liegt die Kraft

Hundefreundlichkeit: Beim Start der Tour vom Parkplatz an der Dorfstraße Bistensee geht man direkt in den Wald und kann sofort die einen umgebende Ruhe genießen. Den längsten Teil der Strecke kann der Hund gefahrlos ohne Leine laufen. Neben einer kürzeren Strecke an der Straße hält die Tour mehrere Bademöglichkeiten für den Hund parat. Dort gibt es auch genügend Trinkmöglichkeiten für den Hund und lauschige Bänke für die Zweibeiner zum Ausruhen.

Tour-Info	↔ 9 km	⏱ 2 Std.	↕ 28 / 12 m
Kategorie:	leicht		
Start-Ziel:	Ahlefeld-Bistensee, Parkplatz kurz vorm Ortseingang		
GPS:	54°23'13.8"N 9°42'23.1"E		
Markierung:	Hufeisen, „Bistensee Rundweg", „Wanderndes Eichhörnchen", „DVV Wanderweg"		
Wegecharakteristik:	57 % Wanderweg – 35 % Straße – 6 % Weg – 2 % Nebenstraße		

Die Runde bietet mehrere Startpunkte. Am hundefreundlichsten ist es, am Parkplatz längs der Kreisstraße zu starten. Hier kann der Hund – außerhalb der Brutzeit – bereits nach wenigen Metern, wenn es in den Wald geht, von der Leine genommen werden. Über einen sanft federnden und gut befestigten Waldweg geht es in Richtung Bistensee leicht bergauf und bergab. Nachdem man den Wald durchlaufen hat, macht der Weg einen **1** scharfen Linksknick. Zwischen Waldrand und Weide führt einen der Weg bei schönem Wetter nun gemütlich bis zum **2** Töpferhaus am See. Sollte es allerdings während der vergangenen Tage geregnet haben, sind besonders die ersten 200 m, nach dem man aus dem Wald kommt, sehr matschig: Am Besten also Gummistiefel anziehen. Sehr angenehm ist es, dass die Hunde hier frei laufen können, weil die Weide zur Rechten durch einen Zaun und die kleine Straße zur Linken durch eine dichtbewachsene

Kleinkunst, Döntjes und Kuchen gibt es im Keramikcafé

Hecke und Sträucher abgeschirmt ist. Nach einem knappen km kommt man am Töpferhaus an, hält man sich schräg links und folgt für weitere 400 m der kleinen Straße, vorbei am Louisenhof (linke Seite). Am Ende der Straße geht es nach rechts und der Wanderweg führt ca. 600 m an der

wenig befahrenen Hauptstraße entlang. Dann geht es nach rechts in die Straße „Schütt am See" und nach 50 m sofort wieder links herum. Zwischen einer kleinen Kolonie Ferienhäuschen am Ufer des Sees hindurch geht es die Allee weiter entlang über den **3** geschotterten Parkplatz bis der Weg nach ca. 250 m scharf rechts abknickt. Hier beginnt ein weiterer sehr schöner und ruhiger Teil des Bistensee-Rundwegs. Der Hund kann jetzt wieder ohne Leine laufen. Von der Anhöhe bietet der See ein wunderbares Panorama – und das ganz ohne andere Spaziergänger. Nachdem der kleine **4** Schilfhain durchquert wurde, lädt auf einer kleinen Landzunge im See eine Bank zum Picknick ein. Für die Hunde besteht hier die Möglichkeit, ungestört und gefahrlos im See zu baden. Der Weg läuft von hier noch ein gutes Stück weiter am See entlang, bevor er nach 1,3 km in einen gepflasterten Fußweg übergeht und durch ein kleines Wohngebiet führt. Hier folgt man der Pflasterung und biegt nach 150 m an der Kreisstraße rechts ab. Durch den Ort Bistensee geht es nun im Uhrzeigersinn 1,2 km weiter bis zum Ortsausgang. Dort gibt es zwei Möglichkeiten, den Startpunkt zu erreichen: einen knappen km den von der Straße abgeschirmten Fuß- und Radweg bergauf entlang gehen oder rechts in den Uferweg einbiegen und am Campingplatz vorbei, durch den Wald in einem Halbkreis wieder zurück zum Auto.

Info

H	kein ÖPNV
P	Ahlefeld-Bistensee, Dorfstraße Bistensee, Parkplatz kurz vorm Ortseingang auf der linken Seite
🗺	Kompass-Wanderkarten Ostseefjord Schlei - Schleswig WK 708
🍴	Seeterrasse Bistensee Dorfstraße 25 24358 Ahlefeld-Bistensee Tel.: 04353-9989569 www.seeterrasse-bistensee.de Keramikcafé Töpferhaus Am See 24791 Alt Duvenstedt Tel.: 04338-999225
🛏	Boutique-Hotel Töpferhaus Am See 1 24791 Alt Duvenstedt Tel.: 04338-99710 www.toepferhaus.com Hotel Katerberg Hauptstraße 8 24358 Ahlefeld-Bistensee Tel.: 04353-99700 www.hotelkaterberg.de
i	Ostseefjord Schlei GmbH Geschäftsstelle Plessenstraße 7 24837 Schleswig Tel.: 04621-850050 www.ostseefjordschlei.de
✚	Dr. Hans-Joachim Bruhn Dorfstraße 17a 24358 Bistensee 04353-9777

TOUR 6

Seeblick – breite Alleen

Abenteuerspielplatz mit Hundebadestelle

Hundefreundlichkeit: Auf dieser Tour können sich Hunde nach Herzenslust austoben und Halter lernen Ihre Grenzen kennen. Teilweise schlängelt der kleine Pfad nur 50 cm vom Noor-Ufer entlang, um hinter der nächsten Kurve mit großartigen Aussichten über das Noor zu überraschen. Das ganz leicht salzige Wasser (Salzgehalt: 3 %) ist Dank der sehr flachen Uferzone ideal zum Baden für Hunde. Kurz vor Ende der Runde lädt ein Geschicklichkeitsspielplatz Hunde und Halter dazu ein, sich noch einmal so richtig auszutoben, bevor es wieder zurück zum Auto geht. Schattige Bänke und massive Baumstämme laden rund um den See zum genussvollen Pausieren und bei schönem Wetter zu einem Picknick ein.

Tour-Info	↔ 10 km	⏲ 2 Std.	↕ 16 / 1 m
Kategorie:	mittelschwer		
Start-Ziel:	Eckernförde, Parkplatz Sky-Markt, Kakabellenweg 11		
GPS:	54°27'51.9"N 9°50'08.0"E		
Markierung:	„Noorwanderweg"		
Wegecharakteristik:	87 % Wanderweg – 11 % Nebenstraße – 2 % Wald		

Wir starten unsere Tour auf dem Supermarkt-Parkplatz direkt in Eckernförde. Gut 1 km führt die Strecke zunächst dem Kakabellenweg folgend durch ein ruhiges, leicht hügelig angelegtes Wohngebiet. Nach gut 1 km erreicht man einen **1** Kreisel. Hier geht es nun rechts in Richtung Ortsausgang, um nach 800 m die Straße nach rechts in Richtung Noor zu verlassen. Hier kann der Hund von der Leine gelassen werden. Die nun folgenden gut 1,2 km sind bei normalem Wetter angenehm zu bewältigen. Sollte es jedoch geregnet haben, empfiehlt es sich auf jeden Fall, Gummistiefel oder zumindest sehr robustes Schuhwerk anzuziehen. Der Weg schlängelt sich für weitere gut 2 km direkt am Ufer des Noors entlang. Hunde können baden, Stöckchen aus dem Wasser holen und nach Herzenslust herumschnüffeln. An der **2**

Der Weg ist das Ziel

Treppe angekommen, schlägt der Weg einen Haken nach links, um dann leicht ansteigend für 400 m durch Felder zur nächsten Abzweigung zu führen. Es lohnt sich, den 🅾 Blick zurück schweifen zu lassen: Unter einem breitet sich das Noor aus und von hier bekommt meinen einen Eindruck, dass noch ein ordentlich Stück des Weges vor einem liegt. Für die kommenden etwas mehr als 4,5 km führt der Noorwanderweg dicht am Wasser entlang. Hier ist er auch bei schlechtem Wetter sehr gut zu laufen: Der Weg ist breit, fest geschottert und relativ frei von tieferen Pfützen. An der folgenden 3 Abzweigung halten wir uns leicht rechts und folgen dem ❗ Fahrradweg weiter. Hier muss man zwar hin und wieder auf Radfahrer acht geben, aber der Hund kann immer wieder rechts ans und im Wasser toben. Nach insgesamt

TOUR 6

Die Richtung ist egal: Die Sonne scheint immer von vorne

Werbung

8 km gelangt man an einen sehr robusten 4 Spielplatz. Während sich Herrchen und Frauchen auf den Geschicklichkeitsparcours behaupten können, übt der fest verankerte und ca. 1 m über dem Boden hängende Ball eine große Faszination für Hunde aus. Hier können sich die Vierbeiner springend und bellend noch einmal so richtig austoben, bevor es auf die Zielgerade zurück zum Auto geht. Vor allem, wenn man diese Runde nachmittags unternimmt, kann man sich auf diesem letzten Stück, zwischen lauschigen Kleingärten und stillem Seeufer, die Sonne ins Gesicht scheinen lassen und das herrliche Uferpanorama genießen. Nach insgesamt 9,5 km erreicht man dann den Parkplatz der Gartenkolonie. Hier überquert man die 5 B 76 an der Fußgängerampel und wandert rechts wieder zurück nach Eckernförde. 500 m weiter die Straße entlang zweigt der sehr breite und durch einen Grünstreifen von der Straße separierte, kombinierte Fuß- und Radweg nach links in den Ort ab. Wir folgen dem Weg, durchqueren die Fußgängerunterführung und erreichen wieder den Parkplatz am Supermarkt.

Info

H	Bus-Linie 4 bis Eckerförde Kakabellenweg/P2
P	Parkplatz Supermarkt Sky
🗺	Kompass-Wanderkarten Ostseefjord Schlei - Schleswig WK 708
🍴	Siegfried-Werft Vogelsang 12 24340 Eckernförde Tel.: 04351-75770 www.hotel-siegfried-werft.de
🛏	Hotel Seelust Preußerstraße 3, 24340 Eckernförde Tel.: 04351-72790 www.seelust-hotel.de Siegfried-Werft Vogelsang 12 24340 Eckernförde Tel.: 04351-75770 www.hotel-siegfried-werft.de
i	Tourist-Information Eckernförde Am Exer 1 24340 Eckernförde Tel.: 04351-71790 www.ostseebad-eckernfoerde.de
✚	Tierarztpraxis an der Ostsee Dr. Marie-Luise Heldt Rendsburger Straße 40, 24340 Eckernförde Tel.: 04351-712424 www.tieraerzte-eckernfoerde.de

TOUR 7

Strandwanderung – Seeschlößchen – freie Sicht

Von Schwedeneck in die Feldmark

Hundefreundlichkeit: Wenige Meter nach dem Verlassen des Autos beginnt der Hundestrand. Da die Route touristisch wenig erschlossen ist, begegnen einem hier nur wenige Menschen. Der Hund kann sich am Strand austoben und auf dem Rückweg noch intensives Nasentraining in der Feldmark genießen.

Tour-Info	↔ 4–8 km	⏲ 1,5–2,5 Std.	⇅ 31 / 1 m
Kategorie:	leicht		
Start-Ziel:	Schwedeneck, Parkplatz Dorfstraße		
GPS:	54°28'20.5"N 10°08'57.2"E		
Markierung:	keine Markierung		
Wegecharakteristik:	88 % Weg – 10 % Wanderweg – 1 % Nebenstraße		

Vom – zwischen April bis Oktober leider kostenpflichtigen – Parkplatz führt ein gut ausgebauter Feldweg an der ehemaligen Marinefunkstation vorbei zum **1** Treppenabgang hinunter zum Hundestrand. Am Ende des Weges nicht links über den hölzernen Steg gehen, sondern noch 50 m nach rechts durch das kleine Wäldchen. Dann sieht man schon die Treppe zum Strand. Diese ist sehr steil und sollte besonders bei feuchter Witterung langsam hinabgestiegen werden (das eigene Steißbein wird es einem danken!). Ist der Abstieg geschafft, erwartet einen der zwar nicht sehr breite, aber dafür gefühlt unbegrenzt lange Hundestand. Trotz dicker Steinbrocken, die sowohl Sand als auch Flachwasserzone säumen, läuft es sich auf den ersten 2 km zwar nicht ohne Anstrengung, aber doch einigermaßen bequem. Für den Hund ist dieser Abschnitt eine Möglichkeit für unbegrenzten Badespaß. Nach gut 2 km entwickelt sich der Weg kurz hinter der **2** ersten Möglichkeit, vom Strand das obere Ufer zu erreichen, allerdings zu einem Pokerspiel: Bei gutem Wetter und ohne größere Herbst- oder Frühjahrsstürme in den vergangenen Wochen besteht die Möglichkeit, mit festem und

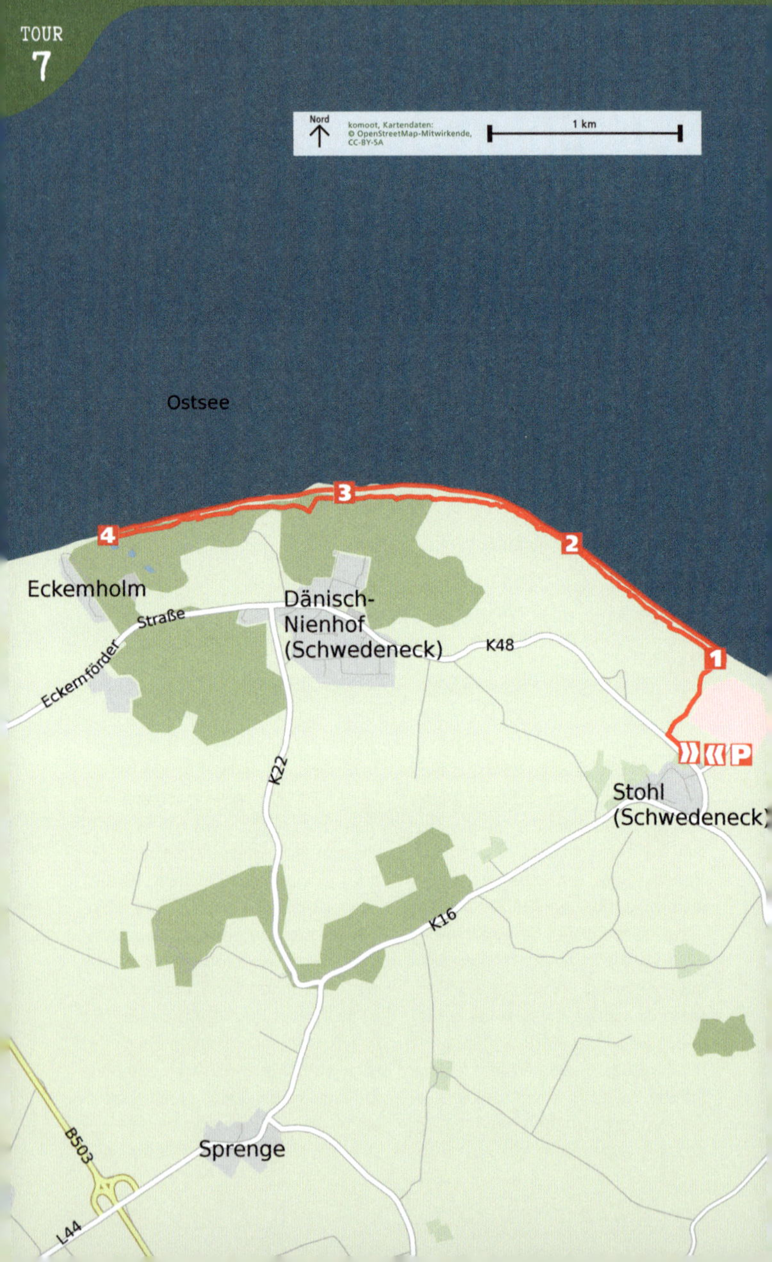
Nord
komoot, Kartendaten:
© OpenStreetMap-Mitwirkende,
CC-BY-SA
1 km
Ostsee
3
4
2
1
P
Eckemholm
Dänisch-
Nienhof
(Schwedeneck)
Eckernförder Straße
K48
K22
Stohl
(Schwedeneck)
K16
Sprenge
B503
L44

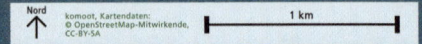

wasserdichtem Schuhwerk unten am Flutsaum weiterzulaufen, bis man nach 1,2 km das **3** Seeschlösschen erreicht. Bei schlechtem Wetter sollte man den Weg oberhalb des Strandes wählen. Am Seeschlösschen - hier gibt es die zweite Möglichkeit, den Strand über einen Aufgang zu verlassen – kann man wunderbar einkehren, die Sonne auf der Terrasse genießen und den Blick über das weite Meer schweifen lassen. Wer noch immer nicht genug hat, kann nach dem Passieren des Seeschlösschens noch einmal knapp 1,5 km am Strand oder auf dem oberen Wanderweg in Richtung Eckernförde wandern. Dann kommt die **4** dritte Möglichkeit, um von unten nach oben oder umgekehrt zu wechseln. Sollten allerdings herabgestürzte Bäume und großflächig abgebrochenes Erdreich das Vorankommen am Strand behindern, empfiehlt es sich, auf Nummer sicher zu gehen und von Anfang an den oberen Weg zu wählen. Oben angekommen gibt es zwei Möglichkeiten: Entweder hält man sich rechts und setzt den Weg zum ca. 1 km entfernten Seeschlösschen auf dem schmalen, oberen Weg fort. Oder aber man geht nach links und kommt nach 1,6 km wieder am Auto an. Die Wanderung ist nur bei einigermaßen windstillem Wetter zu empfehlen, da sonst die Gefahr von herabfallenden Erdklumpen oder den Strand komplett überschwemmenden Wellen besteht.

Info

🚍	kein ÖPNV
🅿	Schwedeneck, OT Stohl, Parkplatz Eckernförder Straße
🗺	Publicpress - Rad & Wanderkarte Nr. 183 - Kiel und Umgebung
🍴	Binges Gasthof Alte Dorfstraße 5 / Surendorf 24229 Schwedeneck Tel.: 04308-204 www.binges-gasthof.de
🛏	Olympia Hotel Drachenbahn 20 24159 Kiel Schilksee Tel.: 0431-375750 www.olympia-hotel-kiel.de
ℹ	Schwedeneck Touristik Zum Kurstrand 24229 Schwedeneck Tel.: 04308-331 www.schwedeneck.de
✚	Dr. Anja Ripken Paul-Schröder-Straße 1 24229 Dänischenhagen Tel.: 04349-9157272

Vorsicht beim steilen Abstieg

TOUR 8

Fördeblick – Hundestrand – Klettertour

Kieler Förde

Hundefreundlichkeit: **Bei dieser Tour bekommen Hund und Halter viel geboten. Hunde können am Strand tollen und in der Förde baden, im Sand buddeln und über steile Anhöhen durch den Wald toben. Den längsten Teil der Strecke können sie dabei ohne Leine laufen. Zweibeiner genießen das bunte Treiben auf dem Wasser und das Panorama auf die vorbeifahrenden Schiffe.**

Tour-Info	↔ 9,5 km	⏲ 2 Std.	↕ 32 / 1 m
Kategorie:	leicht		
Start-Ziel:	Heikendorf, Solten Wiesch, Parkplatz „Haus am Meer"		
GPS:	54°22'06.7"N 10°11'50.8"E		
Markierung:	keine Markierung		
Wegecharakteristik:	57 % Weg – 27 % Wanderweg – 10 % Nebenstraße – 6 % Bergwanderweg		

Vom ersten Eindruck sowie vom Startpunkt dieser Tour, dem leerstehenden „Haus am Meer" und den folgenden, wenigen 100 m betoniertem Fußweg, darf man sich nicht täuschen lassen. Spätestens, wenn man das **1** Vogelschutzgebiet links liegengelassen hat (an der Weggabelung geht es der Küstenlinie folgend recht entlang), den Hund abgeleint und die erste scharfe Linkskurve umrundet hat, eröffnet sich einem das atemberaubend schöne Panorama von Kiel. Ja, „Kiel" und „schön" passen für viele Schleswig-Holsteiner nicht gemeinsam in einen Satz. Aber auf dieser Tour kann man einen neuen Blick auf die Stadt werfen, zu der das sogenannte Ostufer, an dem man gerade entlang wandert, auch gehört. In Laufrichtung rechts sieht man den Leuchtturm Falkenstein, der die Einfahrt in den Kieler Hafen markiert, dann die Schleusen des Nord-Ostsee-Kanals. Wenn man Glück hat, kann man sogar beobachten, wie ein Kreuzfahrtschiff zwischen all den Containerfrachtern auftaucht. Immerhin ist der Nord-Ostsee-Kanal die weltweit am meisten befahrene künstliche Wasserstraße. Nach knapp 20 Minuten hört der Wanderweg abrupt auf und geht in

Ufer mit Aussicht: Die Kräne im Kieler Hafen

einen groben 2 Sandstrand über. Hier kann der Hund ein Bad nehmen und sich austoben. Am Strand geht es nun weiter bis zum Yachthafen Mönkeberg mit seinen im Wasser hin und her schaukelnden Booten und den im Wind klingenden Masten. Am hinteren Ende 3 des kleinen Sandstrandes (❗ Hunde verboten) angekommen,

Tipp

Am kleinen Yachthafen von Mönkeberg lohnt es sich, kurz am Kiosk anzuhalten und mit einem Eis in der Hand das bunte Treiben in der Marina zu genießen. Wer seinen Tee oder Kaffee etwas stilvoller genießen möchte, geht am Ende der Tour nicht rechts zum Auto zurück, sondern folgt der Promenade wenige 100 m weiter nach Möltenort. Dort befindet sich gegenüber des kleinen Hafens das Galerie-Café Roehrskrog.

TOUR 8

Beliebt bei Kielern und Gästen: die Hundewiese am Kraftwerk

hält man sich links und geht die Stufen den Berg hinauf. Hier versteckt sich eine kleine, sehr schöne Aussichtsterrasse. Wenn man dem Weg folgt, erreicht man nach einem 3/4 km wieder das Wasser. Am Kraftwerkspark angekommen, lädt der frisch aufgeschüttete Sandstrand zum Verweilen ein. Von hier kann man das Kieler Hafenpanorama auf dieser und das Villenviertel Düsternbrook auf der gegenüberliegenden Seite der Förde perfekt in Augenschein nehmen. Jetzt geht es den Bohlenweg (das Kraftwerk ist auf der rechten Seite) entlang und die kleine Straße bergauf. Kurz vor dem 4 Erreichen der Kreuzung biegt man links dem Wanderweg folgend in den Wald ein und läuft den nächsten Kilometer durch Wald und Schrebergärten. Durch den Rosenweg geht es zum 5 Parkplatz der Garten-Kolonie. Hier angekommen biegt man scharf links wieder in den Wald und wandert dann immer geradeaus den Fördewanderweg entlang, bis man wieder die Aussichtsterrasse vom Herweg erreicht. Dort hält man sich rechts und geht die Treppen wieder runter ans Wasser und den Weg zurück zum Auto. Zwischendurch bietet sich ein 6 Abstecher in den Wald an: 100 m den Berg halbrechts hinauf verstecken sich zwei vom Wasser und dem vorbeilaufenden Weg nicht einsehbare Bänke. Herrlich zum Ausruhen oder, um einfach nur mal den Blick schweifen zu lassen.

Info

🚍	Bus 100 ab Kiel Hauptbahnhof in Richtung Laboe bis „Heikendorf Künstlermuseum", dann 600 m Fußweg
🅿	Heikendorf, Solten Wiesch, kostenfreier Parkplatz „Haus am Meer"
🗺	Kompass-Wanderkarten Kiel - Preetz - Lütjenburg WK 715
🍴	Galerie-Café Roehrskrog Möltenorter Weg 1 24226 Heikendorf Tel. 0431-241747 China-Restaurant Dynastie Strandweg 8 24248 Mönkeberg www.dynastie-gmbh.de Tel.: 0431-231506
🛏	Strandhotel Seeblick Uferweg 2 24226 Heikendorf www.strandhotel-seeblick.de Tel.: 0431-53321810
ℹ	Tourist-Information Kiel Andreas-Gayk-Straße 31 (direkt neben der Post) 24103 Kiel Tel.: 0431-679100 www.kiel-sailing-city.de
✚	Tierärztin Nadja Beckmann Dorfstraße 14a 24226 Heikendorf Tel.: 0431-3207250 www.tierarztpraxis-heikendorf.de

TOUR 9

Romantisches Seeufer – Picknickpause im Park – Abgeschiedenheit pur

Schlosspark, Schlamm und schöne Aussicht

Hundefreundlichkeit: Diese Tour ist ein Abenteuer für echte Spürnasen. Gleich nachdem man den Park des Gutshauses verlassen hat, kann der Hund von der Leine. Im Selenter See gibt es eine Badestelle und das Wasser aus dem See sorgt für ausreichend Trinkmöglichkeit. Im Dickicht des Schlossforstes können die Vierbeiner ihr Spürnasentalent unter Beweis stellen. Wichtig: Wasserdichtes Schuhwerk ist unabdingbar!

Tour-Info	↔ 8,5 km	⏲ 2 Std.	↕ 45 / 36 m
Kategorie:	schwer		
Start-Ziel:	Fargau-Pratjau, Torhaus Salzau		
GPS:	54°19'53.5"N 10°23'04.7"E		
Markierung:	keine Markierung		
Wegecharakteristik:	35 % Weg – 32 % Wanderweg – 13 % Bergwanderweg – 13 % Nebenstraße – 8 % Straße		

Diese Tour hat es in sich. Erstmal geht es gemächlich durchs Torhaus und über den geräumigen Schlossvorplatz, am Herrenhaus vorbei in den Wald. Wer den Hund schnell von der Leine lassen möchte folgt der beschriebenen Route, links am Schloss vorbei, wer lieber noch ein wenig im Schlosspark bummeln und den kleinen See genießen möchte, geht rechts am Schloss vorbei. Kurz hinter der **1** kleinen Brücke treffen sich beide Wege wieder. Nach 1,5 km ab hier biegt man **2** links ab und folgt dem Weg für 700 m, bis man zur Straße kommt, die von Fargau nach Pratjau führt. Jetzt die Straße überqueren und dem Waldweg mit einem leichten Links-Schlenker folgen. An dem kleinen roten Haus der Fortverwaltung des Gutshauses steht zwar ein Schild „Privatbesitz", aber wenn man sich ganz links auf dem Grünstreifen hält (das ist der Reitweg) und nicht den Kiesweg wählt, darf man die 300 m am Haus vorbeigehen und weiter in den Wald eintauchen. Für 4,5 km stapft man nun die

TOUR 9

Manchmal kommt auch die beste Spürnase einfach nicht weiter

ersten beiden Drittel in Sichtweite des Selenter Sees durchs Dickicht. Auf gut erkennbaren aber nicht immer trittfesten Wegen kämpft man sich durch unzählige Mücken-Kolonien und immerhin **3** einer wunderschönen und abgelegenen Badestelle für die Hunde. Die können übrigens die ganze Zeit immer mal wieder durchs Schilf oder die Uferzone ins Süßwasser des Sees. Wer es durch Feld, Wald und Wiesen bis zur **4** Nebenstraße nach Pratjau geschafft hat, biegt hier links ab und folgt für

Hintergrund

Salzau ist ein alter Rittersitz in Holstein, benannt nach dem Ritter Otto von Salzau. Er wurde erstmals in der zweiten Hälfte des 13. Jahrhunderts erwähnt, als Königin Mechthild, die Witwe König Abels von Dänemark ihm 30 Mark hinterlässt. Vom 18. bis zum 20. Jahrhundert stand Salzau im Eigentum der Grafen Blome und ging nach 1945 durch Erbfolge in den Besitz der Grafen von Thun und Hohenstein über. Das Herrenhaus brannte im 19. Jahrhundert ab und wurde 1881 in der heutigen Form neu errichtet. Mittlerweile steht das Gut leer. Konzerte des Schleswig-Holstein Musik Festivals und der JazzBaltica, finden hier seit 2011 nicht mehr statt.

TOUR 9

Stille Wasser können tief sein in der Holsteinischen Schweiz

knapp 400 m die Straße, wandert dann auf dem Bürgersteig weitere 500 m die Straße „Im Dorf" entlang und biegt am Bushäuschen scharf links ab in den Mühlenweg. Am Ortsausgang verlässt man die Straße und biegt links in den Feldweg ein, der nach knapp 100 m durch ein Gatter in den Wald führt. Hier geht es rechts herum, bis zum Hochsitz, der nach weiteren 200 m auftaucht. Nun wird aus dem Weg ein Trampelpfad, der seinem Namen alle Ehre macht. Immer wenn man denkt, „hier bin ich verkehrt", ist man doch auf der richtigen Spur. Mit einem guten Auge und einer guten vierbeinigen Spürnase voraus findet man den Weg durch kleine Bachläufe und feuchte Wiesen, der einen nach wenigen hundert m zu einem **5** Steg führt. Wenn dieser Steg überquert wurde, wird das Dickicht wieder zu einem Trampelpfad, zu einem Weg und nach weiteren 800 m, am nächsten **6** Hochsitz mit den Findlingen zu einem gut ausgebauten Feldweg. Erstaunlich, dass man für den knappen Kilometer durch den Wald fast eine halbe Stunde braucht - der „Weg" hat es in sich. Dafür ist nun die Zielgerade erreicht: Jetzt liegen nur noch etwas mehr als 1,2 km vor einem und man ist wieder am Torhaus Salzau und seinem Auto angekommen.

Tipp

Im menschenleeren Schlosspark kann man zum Ende der Tour wunderbar mit Blick auf den kleinen See und das Herrenhaus picknicken. Egal bei welchem Wetter: auf dieser Tour empfiehlt es sich, wasserfeste Schuhe anzuziehen, da eine Wegstellen am Ufer des Selenter Sees auch bei langer Trockenheit matschig sein können (Grundwasser). Nachdem man das Dörfchen Pratjau durchquert hat, kann man am Ortsausgang entweder bequem die kleine Straße geradeaus gehen und nach zwei km das Torhaus Salzau erreichen. Oder man biegt 50 m hinter dem Ortsausgangsschild links ab und „kämpft" sich durch den zuweilen etwas sumpfigen Wald von hinten zum Schloss zurück.

Info

🚍	Bus 200 ab Kieler Hbf nach Schönberg (Holstein); dort Bus 230 in Richtung Plön bis Haltestelle „Fargau-Pratjau Salzau"
🅿	kostenfreier Parkplatz vor dem ehemaligen Landeskulturzentrum Schloss Salzau
🗺	Kompass-Wanderkarten Naturpark Holsteinische Schweiz WK 720
🍴	Café Krohnzprinenhof (Mai bis Oktober) Im Dorf 20 24256 Pratjau Tel.: 04303-92840 www.krohnprinzenhof.de
	Bauernhofcafè „Buur's Kaffeestuuv" Kirchenweg 1 24253 Prasdorf Tel.: 04344-414532
🛏	Hotel Krohnzprinenhof Im Dorf 20 24256 Pratjau Tel.: 04303-92840 www.krohnprinzenhof.de
ℹ	Touristinformation Selenter See Kieler Str. 18 24238 Selent Tel.: 04384-670 www.selentersee.de
✚	Tierarztpraxis Dr. Jörg Andersen Wakendorfer Str. 71 24211 Preetz Tel.: 04342-769670 www.tierarzt-andresen.de

TOUR
10

Gut Panker – Hessenstein – grüne Wiesen – blaues Meer

Nach Gut Panker in der Holsteinischen Schweiz

Hundefreundlichkeit: Der Weg führt über Wiesen und Felder, durch Wälder und über landwirtschaftliche Fahrwege. Er enthält eine kürzere Strecke längs einer Landstraße, auf der Vierbeiner besser an die Leine genommen werden. Unterwegs gibt es für Hundehalter viele Möglichkeiten, die Aussicht auf die Ostsee zu genießen. Hunde können im Wasserlauf baden und finden genügend Trinkmöglichkeiten.

Tour-Info	↔	⏱	↕
	8 km	2 Std.	98 / 26 m
Kategorie:	mittelschwer		
Start-Ziel:	Darry, Gut Panker		
GPS:	54°19'49.2"N 10°34'22.8"E		
Markierung:	keine Markierung		
Wegecharakteristik:	57 % Weg – 16 % Nebenstraße – 12 % Wanderweg – 9 % Bergwanderweg – 5 % Straße		

Am Wochenende und besonders bei schönem Wetter zieht es viele Hamburger raus in die Holsteinische Schweiz und besonders hierher nach Gut Panker. Auch wenn es auf dem Gutshof mit seinen Galerien, kleinen Geschäften und dem Restaurant „Ole Liese" etwas trubelig zugeht: Nach wenigen Metern, das Gutshaus links liegen lassend in Richtung Hauptstraße bergan gehend, kehrt angenehme Ruhe ein. Kurz die Straße überquert und ab in den Wald. Der Weg führt wildromantisch aber gut ausgebaut durch den **1** Ruheforst (Hunde bitte an die Leine). Der Weg geht am Friedrichshof vorbei und mündet auf einen von der Straße durch einen dichten Grünstreifen abgegrenzten Rad- und Fußweg. Nach gut 600 m kommt das Örtchen Darry. Dort geht es links in die Dorfstraße bis zur **2** Kreuzung mit dem großen Baum. Am Baum rechts halten und der kleinen, sich durch den Ort schlängelnden Straße „Seebrook" folgen. Aus dem Ort raus, kann der Hund wieder abgeleint werden. Die kleine asphaltierte Straße führt durch Wiesen und

Felder, an einem großen Bauernhof mit freilaufenden Hühnern und ! offenen Kuhställen vorbei. Das Gegacker der Hühner und der Geruch der Kühe ist eine willkommene Abwechslung für den Hund – wenn er sich gut abrufen lässt, kann die Leine hier getrost in der Tasche stecken bleiben. An den nächsten beiden Abzweigungen immer links halten und der leichten Steigung folgen. An der 3 Bank unter dem großem Baum geht es dann scharf links rum. Die Bank lädt zum Rasten ein. Während man von hier oben nicht nur das ⦿ Ostseepanorama genießen kann, kann sich der Hund während der Rast austoben oder ausruhen – auf jeden Fall alles ganz bequem ohne Leine. Der Weg geht nach einigen 100 m hinter der leichten Rechtsbiegung an der Gefällestrecke in einen Feldweg über. Wenn es vorher geregnet hat, empfiehlt sich festes Schuhwerk. Hinter der 4 Schranke und der leichten Kurve dem Weg folgen und nach gut 100 m links in den Wald hinein. Bei gutem, trockenem Wetter ist der Weg zu erkennen. Nach einer längeren Regenperiode kann man auch 450 m weiter geradeaus gehen, um dann scharf links abzubiegen, um auf die Wanderroute zurück zu gelangen. So umgeht

Werbung

TOUR
10

Bei jedem Wetter ein Gedicht: Der Blick über die Ostsee

man den manchmal etwas matschigen Querweg. Sobald der Wald durchquert ist, wird der Weg wieder fest und nach gut 2 km sieht man durch die Baumwipfel die Dächer der Gutsanlage Panker.

Tipp

Die beschriebene Tour lässt sich bequem um gut 2 km erweitern, wenn man sich nach der Durchquerung des Ruheforstes rechts hält und in Richtung Hessenstein geht. Der gut ausgebaute Weg führt auf den 128 m hohen Pilsberg zum 17 m hohen Aussichtsturm Hessenstein mit beeindruckender Sicht über die Hohwachter Bucht. Auf jeden Fall feste und wasserbeständiges Schuhe anziehen.

Hintergrund

Das über 500 Jahre alte Gut Panker befand sich seit dem ausgehenden Mittelalter im Besitz der Familie Rantzau. Es wurde 1739 vom schwedischen König Friedrich aus dem Haus Hessen zur Versorgung seiner unehelichen Söhne gekauft. Diese begründeten dort die Herrschaft Hessenstein. 1808 ging das Gut an die Kurfürsten von Hessen-Kassel über. Heute gehört das Gut mit Ländereien und Gebäuden der Hessischen Hausstiftung. Damals hat ein großzügiger Barockgarten das Herrenhaus umgeben. Dessen durch Alleen gebildete Grundstruktur kann man heute teilweise noch erkennen. Der Garten an der Nordseite wurde im 19. Jahrhundert zu einem englischen Landschaftsgarten mit Wasserläufen, Brücken, Teichen und Baumgruppen umgestaltet. Neben dem Park am Eutiner Schloss gilt der Garten von Panker als einer der bedeutendsten Landschaftsgärten Schleswig-Holsteins. Da der Gartenbereich zu einem großen Teil auf dem privaten Gelände des Guts liegt, ist er für Besucher nicht zugänglich, kann aber wunderbar eingesehen werden.

Info

H kein ÖPNV

P kostenfreie Parkmöglichkeiten am Gut Panker

Karte Kompass -Wanderkarten Kiel - Preetz - Lütjenburg WK 715

Essen
Hotel & Restaurant Ole Liese
Gut Panker
24321 Panker
Tel.: 04381-90690
www.ole-liese.de

Speisewirtschaft Landhaus Panker
Futterkamp 1
24321 Panker
Tel.: 04385-232
www.landhaus-panker.de

Übernachten
Hotel & Restaurant Ole Liese
Gut Panker
24321 Panker
Tel.: 04381-90690
www.ole-liese.de
(Hunde zahlen im Hotel 10,00 Euro pro Hund & Tag)

Gästehaus Landhaus Panker
Futterkamp 1
24321 Panker
Tel.: 04385-232
www.landhaus-panker.de

i Hohwachter Bucht Touristik GmbH
Berliner Platz 1
24321 Hohwacht
Tel.: 04381-90550
www.hohwachterbucht.de

Tierarzt Tierarztpraxis Korte
Tierarzt Jörg-Richard Korte
Plöner Straße 48
24321 Lütjenburg
Tel.: 04381-4939
www.tierarztpraxis-korte.de

TOUR
11

Plöner See – Vierer See –
Stille Wasser und große Ausblicke

Im Herzen der Holsteinischen Schweiz

Hundefreundlichkeit: Eine uneingeschränkt hundefreundliche Tour. Die gut befestigten Wege führen durch Felder und nicht durch Weiden, so dass Hunde bereits nach wenigen hundert Metern abgeleint werden können. Im Vierer See, der komplett umrundet wird, können Hunde ungestört baden. Danach ist der Weg – ganz gleich wie rum man die Runde geht – lang genug, damit der Hund wieder trocken wird.

Tour-Info	↔ 11 km	⏲ 3 Std.	↕ 37 / 19 m
Kategorie:	leicht		
Start-Ziel:	Bosau, Parkplatz Bischofswarder		
GPS:	54°06'35.5"N 10°26'01.4"E		
Markierung:	keine Markierung		
Wegecharakteristik:	94 % Wanderweg – 3 % Nebenstraße – 1 % Straße – 1 % Weg – 1 % Bergwanderweg		

Diese schöne und entspannte Wanderung führt zunächst vom Ausgangsparkplatz einen Waldweg (Alwin-Fritz-Weg / grüne Markierung) parallel und leicht erhöht zur Straße in Richtung See. An der scharfen **1** Rechtskurve überquert man die Straße und hält sich etwas links, um den Forstweg entlang weiter geradeaus zugehen. Nach weiteren 600 m biegt man sehr scharf links ab und läuft auf einem beidseitig in großzügigem Abstand eingezäunten Feldweg zwischen zwei Weiden parallel zum Ufer des Vierer Sees. Während der Wanderweg zum Kreis Plön gehört, befindet sich der Vierer See im Kreis Ostholstein. Nun geht es etwas mehr als 4 km weiter immer den Weg entlang, bis man am Scheitelpunkt des Sees ankommt. Hier **2** erwartet einen die erste (!) Bank der Runde. Ein herrliches Plätzchen zum Ausruhen, der Hund kann im See baden – und wenn man genau hinhört, hört man ... nichts. Nicht nur, dass man sich hier in einem Funkloch befindet, man ist offenbar auch in einem

Scheint immer mal wieder durch:
das Plöner Schloss

schallschluckenden Trichter. Von der Bank geht es nun für 1,4 km weiter am Ufer des Sees entlang bis zur 3 Abzweigung in Richtung Bosau/Campingplatz. Einen guten Kilometer geht es weiter am Seeufer entlang, hier kommt man noch mal an eine schöne große Wiese mit Hundebadestelle. Weiter geht's über den 4 Steg und

Hintergrund

Der Große Plöner See wird von mehreren Berufsfischern befischt. Es kommen unter anderem Aal, Barsch, Brasse, Hecht, Schleie, Karpfen, Weißfische sowie die Maräne vor. Insgesamt sind am See 15 Badestellen ausgewiesen. Einige Campingplätze (u. a. in Bosau und Ruhleben) liegen direkt am Seeufer. Auf dem See verkehren in den Sommermonaten Ausflugsschiffe.

Kurz vorm Campingplatz gibt es eine Badestelle für Hunde

am Campingplatz angekommen, sagt einem das Hinweisschild: bitte nicht weiter am Ufer entlang gehen, sondern den Hundewanderweg benutzen. Also gut, von der Badestelle wieder ein Stückchen zurück und dann scharf rechts den Weg entlang, links das Feld und rechts den Campingplatz, bis man zur kleinen Straße kommt, die nach Bosau führt. Hier läuft man nun für knapp 2 km auf einem gut ausgebauten Fuß- und Radweg entlang. Der Weg ist von der Straße durch einen breiten Grünstreifen getrennt und bietet sehr schöne Ausblicke auf den See. Ein kleines Stückchen hinter der Einfahrt zum Golfplatz Waldshagen, auf der **5** Anhöhe, geht es versteckt zwischen den Häusern auf der rechten Straßenseite wieder auf den gut gestampften Wanderweg. Dieser führt am Waldrand mit herrlichem Seeblick wieder bis zu der scharfen Kurve, an der man vor knapp 2,5 Stunden schon einmal gestanden hat. Nun noch den Alwin-Fritz-Weg mit dem grünen Schild entlang marschiert und man ist wieder am Ausgangspunkt der Runde angekommen.

Tipp

Nach 7,5 km erreicht man den Campingplatz. Hier weißt ein freundliches Schild darauf hin, dass man mit Hunden nicht weiter den Uferweg entlang gehen möchte. Die Alternative führt durch Wald und Feldmark sowie ein gutes Stück an einer Nebenstraße entlang (Fußweg durch breiten Grünstreifen von der Fahrbahn getrennt), bevor man wieder den Uferweg erreicht. Wer freundlich fragt und „nebenbei" einen Hundebeutel für alle Fälle in der Hand hält, darf den Weg mit seinem angeleinten Hund manchmal sogar weiter am Ufer.

Info

H Bus 5516 ab Eutin/ZOB nach Bosau, Haltestelle „Feuerwehr"

P Parkplatz „Bischofswarder" am Ortseingang (von der B76 aus Richtung Plön kommend)

Kompass-Wanderkarten Naturpark Holsteinische Schweiz WK 720

Brooks Café
Achter de Mur
Achter der Mur 2
23715 Bosau
Tel.: 04527-202
www.hof-brooks.de

Restauran Gut Waldshagen
Waldshagen 3
24306 Bösdorf bei Plön
Tel.: 04522-766766
www.gut-waldshagen.de

Strauers Hotel am See
Gerold Damm 2-4
23715 Bosau
Tel.: 04527-9940
www.strauer.de

i Tourismusverein Bosau e. V.
Plöner Straße 17
23715 Bosau
Tel.: 04527-99700
www.tourismus-bosau.de

Tierarztpraxis Bosau
Anne Katrin Wroblewski
Hasenheide 2
23715 Bosau
Tel.: 04527-973821

TOUR 12

Ein mysthischer See –
eine kleine Runde zwischendurch

Die Sage vom Ukleisee

Hundefreundlichkeit: Außer dem einen oder anderen verliebten Pärchen, dass den Ukleisee umrundet und auf dem romantischen Steeg am Südufer ein bisschen turtelt (und ungestört die Ruhe genießen möchte), stört keiner den Bewegungsdrang des eigenen Hundes. Auf der einen Seite Wald, umgestürzte Bäume und dichtes Geäst – auf der anderen Seite das verwunschene Seeufer mit seinen ins Wasser ragenden dicken Baumstämmen: Ein Paradies für vierbeinige Entdecker. Hunde können den See gefahrlos an verschiedenen Stellen betreten und ein ausgiebiges Bad genießen.

Tour-Info	↔ 4 km	⏲ 1 Std.	↕ 45 / 25 m
Kategorie:	leicht		
Start-Ziel:	Sielbek, Zum Ukleisee, Parkplatz am Waldspielplatz		
GPS:	54°10'48.6"N 10°37'53.0"E		
Markierung:	„Nordic Fitness Park Holsteinische Schweiz"		
Wegecharakteristik:	77 % Weg – 22 % Wanderweg – 1 % Nebenstraße		

Am Parkplatz des Waldkinderkartens bieten sich bei dieser Runde mehrere Möglichkeiten: Direkt um den See, über den Waldspielplatz in Richtung Kellersee oder eine Kombination aus beidem. Für den hier vorgeschlagenen „oberen Bogen" der kompletten Acht um den Ukleisee bis zum Kellersee und wieder zurück, verlässt man den Parkplatz nach links in Richtung Ukleisee und biegt nach **1** wenigen Metern scharf rechts ab. Für 1 knappen km folgt man dem lauschigen Seeufer und hat dann die erste von vielen Möglichkeiten, seine Wanderung an die eigene Lust und Kondition anzupassen. Geht man nach **2** rechts, kommt man zum leider immer noch geschlossenen „Forsthaus Ukleisee" und weiter zum Lebebensee. Wenn man den Weg geradeaus nimmt, folgt man dem Seeufer, bis man zu einem **3** reetgedeckten Pavillon kommt. Hier lohnt es sich, das mitgebrachte Picknick auszupacken und dem Hund dabei zuzuschauen, wie er versucht, massive Baumstämme aus dem See zu retten. Auch wenn

Nicht nur für Verliebte: Pause am Bootssteg und im Pavillon

man es nicht glauben kann: Das Reetdach wirkt bei einem der typischen, kräftigen Schleswig-Holsteinischen Regengüsse wahre Schutzwunder. Man wird nur ein bisschen feucht und nicht klatschnass. Weiter dem Weg folgend besteht die Möglichkeit, die Stufen zum 4 Jagdschlösschen zu erklimmen. Von hier oben kann man

Tipp

Wem die kurze Runde um den Ukleisee nicht reicht, der hat vom Parkplatz am Waldspielplatz die Möglichkeit, noch eine 4,7 km lange Tour in spiegelverkehrter Richtung anzuhängen. Dann läuft man eine „Acht" vom Startpunkt um den Ukleisee herum, weiter in Richtung Kellersee und durch den Wald dem „Nordic Fitness Park" folgend wieder zum Ausgangspunkt.

TOUR 12

Entspanntes Wandern, egal in welche Richtung

Hintergrund

Zur Zeit der kulturellen Blüte Eutins im 18. Jahrhundert wurde das Städtchen auch das „Weimar des Nordens" genannt. Zu der Zeit fand der Ukleisee häufig Erwähnung in der Literatur. Außerdem gibt es mehrere Sagen und Legenden, die den Ukleisee zum Thema haben.

Der Uglei-See (Emanuel Geibel)
Von Hügeln dicht umschlossen, geheimnisvoll
Verhüllt in Waldnacht dämmert der Uglei-See,
Ein dunkles Auge, das zur Sonne
Nur um die Stunde des Mittags aufblickt.

Weltfremdes Schweigen waltet hier umher, es regt
Kein Hauch des Abgrundes lauteren Spiegel auf,
Nur in des Forstes Wipfeln droben
Wandelt wie ferner Gesang ein Brausen

sich noch einmal seinen bisher zurückgelegten Weg anschauen. Im Laufe der Jahrzehnte ist die Blickachse hinunter zum Kellersee leider eingewachsen. Wenn man auf die kleine Kletterpartie verzichtet und stattdessen auf dem Uferweg bleibt, taucht linker Hand der **5** weiße Bootssteg auf. Hier lassen sich Hochzeitspaare und im Jagdschlösschen feiernde Gesellschaften gerne fotografieren. In der Woche, wenn am Ukleisee wenig Betrieb herrscht, ist auch das ein feiner Platz, um seien Gedanken nachzuhängen und dem Hund beim Stöbern im Schilf und im Morast zuzuschauen. An der nächsten Weggabelung hält man sich links und kommt so wieder zum Parkplatz zurück. In entspanntem Tempo läuft man für die „obere Acht" um den See eine gute Stunde, mit der Ergänzung zum Lebebensee 1,5 Stunden, und wer anschließend vom Waldparkplatz noch einen Abstecher zum Kellersee macht, der ist nach gut zwei Stunden wieder am Ausgangspunkt angekommen.

Info

🚌	Bus 5507 von Eutin/ZOB nach Malente bis „Eutin-Sielbeck/Zum Ukleisee"
🅿	Kostenfreier Parkplatz am Waldspielplatz Ukleisee
🗺	Kompass-Wanderkarten Naturpark Holsteinische Schweiz WK 720
🍴	Hotel Uklei Fährhaus Eutiner Straße 1 23701 Eutin-Sielbek Tel.: 04521-2458 www.uklei-faehrhaus.de Restaurant Fissauer Fährhaus Leonhard-Boldt-Straße 8 23701 Eutin Tel.: 04521-2383 www.fissau-faehrhaus.de
🛏	Hotel Uklei Fährhaus Eutiner Straße 1 23701 Eutin-Sielbek Tel.: 04521-2458 www.uklei-faehrhaus.de
ℹ	Tourist-Info Eutin Markt 19 23701 Eutin Tel.: 04521-70970 www.eutin.de
➕	Tierarztpraxis Eggers Georg Eggers Lütjenburger Straße 11 23714 Malente Tel.: 04523-5800 www.tierarzt-malente.de

Leuchtturm Staberhuk – Meeresrauschen, Waldesruh – Hundestrand und mehr

Fehmarn für jeden Geschmack

Hundefreundlichkeit: **Diese Tour ist sehr abwechslungsreich. Neben einem Sandstrand mit Bademöglichkeit für Hunde wechseln sich geschickliche Pfade am Rande der Steilküste mit felsigen Strandabschnitten und grünen Wiesen ab. Für Hunde besteht unterwegs an mehreren Stellen die Möglichkeit, aus Süßwasser-Bachläufen zu trinken. Das mittlere Drittel der Tour ist im Sommer angenehm schattig, im Herbst schützen die Bäume vor zu viel Wind um die Nase.**

Tour-Info	↔ 15 km	🕘 3,5 Std.	↕ 15 / 1 m
Kategorie:	leicht		
Start-Ziel:	Meeschendorf, Parkplatz Südstrand		
GPS:	54°24'45.9"N 11°14'34.8"E		
Markierung:	keine Markierung		
Wegecharakteristik:	55 % Weg – 37 % Bergwanderweg – 5 % Straße – 1 % Wanderweg – 1 % Nebenstraße		

Auf Fehmarn gibt es viele und für den Hund spannende Möglichkeiten, die Zeit am Wasser zu verbringen. Eine der schönsten und abwechslungsreichsten Routen führt von Meeschendorf über Staberhuk im großen Bogen wieder zurück. Am Parkplatz Meschendorf geht es direkt an den Strand und links herum den Flutsaum entlang. Zur Hauptsaison ist hier natürlich viel los, dann nimmt man besser für die ersten knapp 750 m den Sandweg, der hinter den Dünen (also in Laufrichtung links) liegt.

Am Ende des kurzen **1** Sandstrandes verengt sich der Weg und geht nach 1,5 km in einen festgestampften Pfad über, der jetzt am Steilufer hoch und runter bis zum Leuchtturm Staberhuk entlangführt. Nach gut 3 km gibt es zwischendurch die Möglichkeit, dass der Hund aus einem ins Meer führenden **2** Bachlauf etwas trinkt und man selbst auf den großen Steinen am Meer eine kurze Rast hält. 2 km weiter erreicht man den süd-östlichsten Zipfel der Insel, den **3** Leuchtturm

TOUR 13

Der Leuchtturm Staberhuk markiert die Hälfte der Tour

Staberhuk. Diesen ältesten Leuchtturm der Insel kann man leider nicht besichtigen, das Gelände ist eingezäunt. Dem kleinen Leuchtturmwärterhäuschen sieht man aber an, dass es sicherlich viele spannende Geschichten erzählen könnte. Zum Beispiel von Ernst Ludwig Kirchner, der viele Sommer hier auf der Insel verbrachte und während dieser Zeit weit über 100 Zeichnungen und Gemälde vollendet hat. Weiter geht's, um das heute in strahlendem Weiß leuchtende Häuschen herum, dem Weg knapp 2 km in nördlicher

Hintergrund

1903 begann man mit den Arbeiten für den Leuchtturm Staberhuk. Die massive Bauweise des Turmes war wegen der geplanten technischen Ausstattung notwendig: nach seiner Fertigstellung trug er die gusseiserne Laterne des alten Leuchtturmes von Helgoland. Die Konstruktion war 2,5 m hoch und wurde von Helgoland nach Fehmarn geschafft und auf dem Turm montiert. Im Laufe der Zeit griff die Witterung besonders stark die Westseite des Turmes an. Auf dieser Seite wurden die gelben Backsteine gegen rote Ziegel ausgetauscht. Diese Charakteristik ist weltweit einmalig. Der Turm ist mit der Original-Gürtelleuchte, Baujahr 1870, ausgestattet.

TOUR
13

Bei jedem Wetter ein lohnendes Ziel: Deutschlands Sonneninsel

Richtung folgend. Am Horizont sieht man bei günstigem Wetter und passendem Lichteinfall die Fähren, die zwischen Puttgarden und dem dänischen Rødby fahren. Direkt vor einem taucht nun die Marinestation Staberhuk auf. Hier kann man an den Strand wechseln und weiter nach Katharinenhof gehen oder man biegt an der großen Radaranlage (Fotografieren verboten – wer es trotzdem macht, wird angemeckert!) links ab. Für 400 m folgt man der kleinen, geteerten Straße. Hier ist nur wenig Verkehr, da 90 % der wenigen vorbeifahrenden Autos Kitesurfer oder Angler auf dem Weg zum oder vom Strand sind. An der ersten **4** Abzweigung biegt man links auf den Feldweg, der einen direkt zum Gut Staberhof bringt. Hier geht man an einem kleinen, weißen Häuschen vorbei und biegt direkt dahinter beim Betreten des **5** Gutshofes scharf links ab. Nun folgt man der kleinen Straße für knapp 2 km, bis man wieder vorm Leuchtturm Staberhuk steht. Hier biegt man rechts ab und genießt noch einmal für knapp 5 km den stimmungsvollen Weg, auf dem die Hunde ihre eigene Spur vom Anfang der Tour verfolgen können.

Hintergrund

Mit knapp 2.200 Sonnenstunden im Jahr ist Fehmarn eine der sonnenreichsten Regionen Deutschlands. Neben der beschriebenen Steilküste mit ihrem rauhen Strandabschnitt gibt es in Wulfen und Burgtiefe feinkörnige, weiße Sandstrände.

Info

🚉	RB 21762 von Lübeck Hbf Richtung Puttgarden bis „Burg auf Fehmarn Bahnhof"; dann Bus 5751 Richtung Burgtiefe Yachthafen bis „Bahnhofstraße/Markt"; dann Bus 5752 Richtung Puttgarden bis „Meeschendorf-Dorf"; dann 1,5 km Fußweg
🅿	Parkplatz am Strandübergang Meeschendorf, hinter dem Campingplatz
🗺	Kompass-Wanderkarten Fehmarn - Oldenburg WK 716
🍴	Restaurant Burg-Klause Blieschendorfer Weg 1 23769 Burg auf Fehmarn Tel.: 04371-50020 www.burg-klause.de Alleecafé Katharinenhof Haus Nr. 3 23769 Katharinenhof auf Fehmarn Tel.: 04371-503838 www.alleecafe-katharinenhof.de
🏨	Hotel Palstek Nordlandstraße 4 23775 Großenbrode Tel.: 04367-8040 www.hotel-palstek.de
ℹ	Tourismus-Service Fehmarn Südstrandpromenade 1 Burgtiefe 23769 Fehmarn Tel.: 04371-506333 www.fehmarn.de
✚	Tierärztliche Gemeinschaftspraxis Thomas Wroblewski & Dr. Chris Schmiedel Gartenstraße 9 23769 Burg auf Fehmarn Tel.: 04371-8888738 www.tierarztpraxis-fehmarn.de

TOUR
14

ungestörter Badespaß – Fehmarnsundbrücke –
Rund um Großenbrode

Unterwegs am Fehmarnsund

Hundefreundlichkeit: Die Route startet direkt am Weststrand, dem Hundestrand des Ortes. Wenig Steine, eine ausgedehnte Flachwasserzone und ein Dünengürtel, der den Strand vom Deichweg für Fußgänger trennt, machen ihn zum idealen Revier für Wasserratten und Wühlmäuse. Bereits nach wenigen 100 m in Richtung Fehmarnsundbrücke ist man bis auf den einen oder anderen Angler völlig alleine unterwegs. Auch auf dem Wegstück hinter der Brücke, kann der Hund ohne Leine gefahrlos laufen, bis man wieder den Ortseingang erreicht. Der unter der Fehmarnsundbrücke durchführende Fußweg bietet einen beeindruckenden Blick auf das Bauwerk.

Tour-Info	↔ 8 km	⏱ 2 Std.	↕ 12 / 1 m
Kategorie:	leicht		
Start-Ziel:	Großenbrode, Orthfeld 44, Strandparkplatz am Weststrand (Hundestrand)		
GPS:	54°22'54.7"N 11°04'56.5"E		
Markierung:	keine Markierung		
Wegecharakteristik:	46 % Wanderweg – 25 % Weg – 23 % Nebenstraßen – 6 % Nebenstraße		

Am Weststrand springt der Hund quasi direkt aus dem Auto ins Wasser. Ein schmaler Dünengürtel und ein Strand, der keine 3 m breit ist: Am inoffiziellen Hundestrand von Großenbrode startet man die Tour nach rechts immer der Nase nach. Hier kann der Hund frei herumtollen, denn je weiter man in Richtung Fehmarnsund kommt, desto weniger Menschen und Hunde begegnen einem. Auf der Tour bieten sich spektakuläre Blicke auf die **1** Fehmarnsundbrücke, die nach gut 2,5 km unterquert wird. Hier steht, vor Wind und Regen geschützt, während der Saison eine Dixi-Toilette für die Angler, die es sich unter der Brücke bequem machen. Man folgt nun dem relativ gut zu begehenden

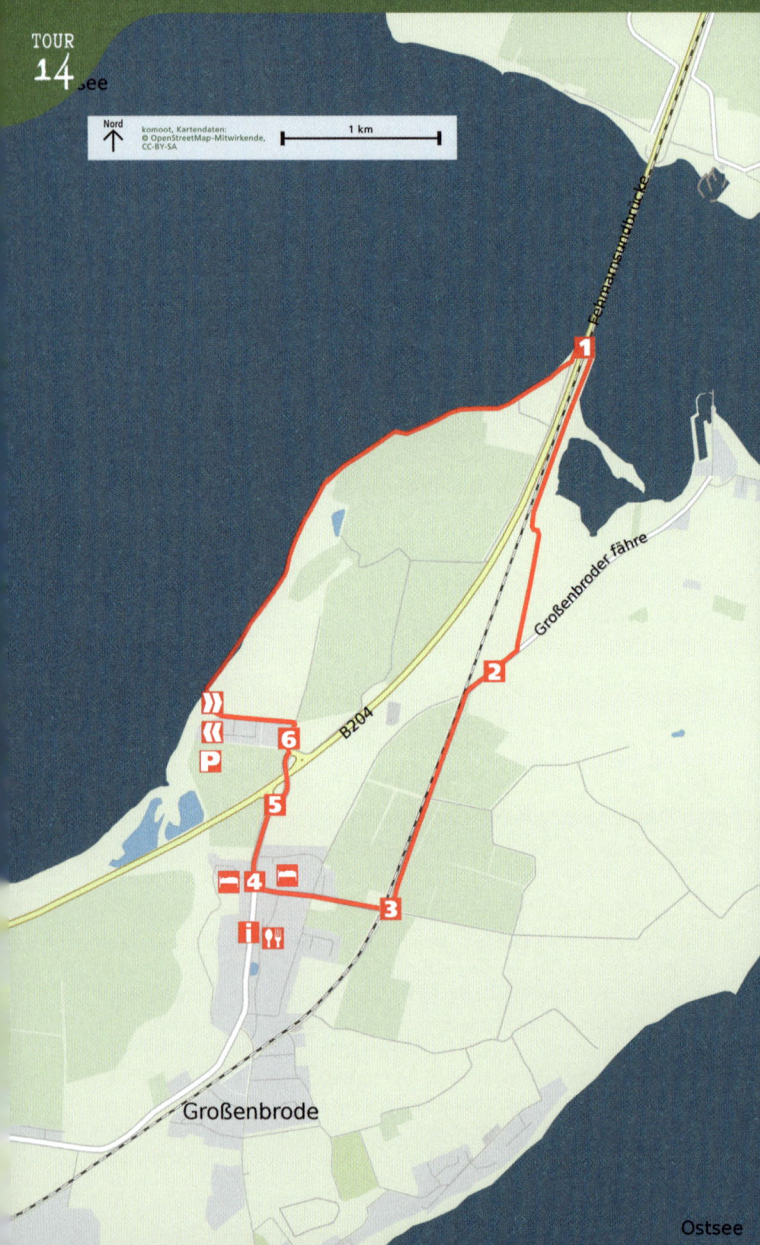

Badespaß am Fehmarnsund: Großenbrode, ein Paradies für Hunde

Weg und lässt sich durch die Mückenschwärme, die hin und wieder aus den Pfützen aufstoben nicht irritieren. Nach 1,6 km stößt der Weg auf die wenig befahrene Straße aus Großenbrode Fähre. Hier hält man sich rechts und folgt der Straße für 1,8 km. An der verlockenden **2** Abzweigung in eine Obstplantage kann man gerne abbiegen und eine kleine Rast auf der Wiese einlegen. Der Weg endet nach knapp 300 m in einer grünen Sackgasse. Bis zur **3** Kreuzung an der Bahnbrücke kann der Hund frei und ohne Leine laufen. Da die Straße schnurgerade ist und die Landschaft flach, sieht und

Hintergrund

Auf dem Weg kommt man am Ortsschild Großenbrode Fähre vorbei. Am 15. Juli 1951 eröffneten die Deutsche Bundesbahn und die Danske Statsbaner einen provisorischen Fährverkehr zwischen dem extra dafür angelegten Bahnhof Großenbrode Kai und Gedser auf der dänischen Insel Falster als Vorläufer der heutigen Vogelfluglinie. Mit dem Bau der Verbindung von Großenbrode nach Puttgarden im Norden Fehmarns wurde erst 1958 begonnen. Am 14. Mai 1963 wurde mit der Fehmarnsundbrücke und der Fährverbindung über den Fehmarnbelt die Vogelfluglinie in ihrer heutigen Form eröffnet, der Bahnhof „Großenbrode Kai" wurde stillgelegt. Bis 1963 existierte eine Eisenbahnfähre von Großenbrode Fähre über den Fehmarnsund bis zum gleichnamigen Ort Fehmarnsund auf der Insel Fehmarn.

Nix los in Großenbrode: Muscheln, Meer und keine Menschen

hört man eventuell von hinten herankommende Autos rechtzeitig. An der Kreuzung biegt man nun rechts ab in die Schmiedestraße und kommt jetzt nach Großenbrode. Hier sollte der Hund wieder an die Leine genommen werden. Zwar ist auch hier nur sehr wenig Verkehr, aber die Vorgärten halten mit Kaninchen, Eichhörnchen und der einen oder anderen Katze Überraschungen bereit. An der Kreuzung Nordlandstraße geht man erst über die Straße und nimmt dann den Bürgersteig nach rechts, in Richtung Ortsausgang. Am **4** Hunde-Hotel Palstek und dem Friedhof vorbei, quert man nach knapp 400 m die **5** Auffahrt zur Europastraße. Hier geht man auf dem Fußweg in einem linken Bogen folgend weiter, über die kleine Straßenbrücke und biegt in der **6** Rechtskurve links ab in Richtung Mutter-Kind-Heim. Nach 140 m, geht es nach links in die Straße Orthfeld. Hier kann der Hund wieder von der Leine genommen werden. Nach 350 m ist der Parkplatz erreicht, an dem diese Tour ihren Ausgang genommen hat.

Hintergrund

Je nach Tageszeit und Windrichtung empfiehlt es sich, die Tour eventuell in der entgegengesetzten Richtung als der hier durchgeführten zu machen. Dann kommt der Wind von hinten und die Sonne lacht von vorne. Wer eine Übernachtung in Großenbrode einplant (Hunde-Hotel Palstek ist eine echte Empfehlung), kann als Anfangs- und Endpunkt der Wanderung auch den Hotelparkplatz nehmen.

Info

H	Von Hamburg oder Kiel fahren mehrmals täglich Züge über Lübeck bis nach Großenbrode
P	Gebührenfreier Strandparkplatz am Ende der Straße Orthfeld (Weststrand)
	Kompass-Wanderkarten Fehmarn - Oldenburg WK 716
🍴	Café Vaida Am Kai 23a 23775 Großenbrode Tel.: 04367-7179947 www.vaida-grossenbrode.de Restaurant Landkrug Teichstraße 17 23775 Großenbrode Tel.: 04367-309 www.ostseehausammeer.de
—	Hotel Palstek Nordlandstraße 4 23775 Großenbrode Tel.: 04367-8040 www.hotel-palstek.de Hotel - Landhaus Alter Krug Schmiedestraße 13 23775 Großenbrode Tel.: 04367-394 www.alter-krug.de
i	Großenbrode Tourismus Teichstraße 12 23775 Großenbrode Tel.: 04367-997142 www.grossenbrode.de
+	Tierarztpraxis Peyinghaus Fischerstraße 24 23774 Heiligenhafen Tel.: 04362-7070 www.tierarzt-heiligenhafen.de

Anspruchsvolles Kraxelprogramm – Ostseepanorama – (k)eine Feld-, Wald- und Wiesentour

Über Stock und Stein – durch Meer und Matsch

Hundefreundlichkeit: Der Weg startet gemächlich in Richtung Strand und am Deich entlang. Der Hund kann sich herrlich austoben und wer die Strandpartie verlängert, kann am Hundestrand auch einen Strandkorb mieten. Auf dem Rückweg geht's aufs Ganze: bequem den Herweg zurück oder mutig ins Gebüsch und eine spannende Abenteuertour, querfeldein über Stock Stein mit seinem Vierbeiner genießen. Danach schläft der Hund für den Rest des Tages. Achtung: Festes Schuhwerk und sehr robuste Kleidung wünschenswert!

Tour-Info	↔ 11,5 km	⏲ 2,5 Std.	↕ 3 / -1 m
Kategorie:	mittelschwer		
Start-Ziel:	Grömitz, Klostersee/Ecke Klosterseeschleuse hinter dem Baum auf der Dreieckskreuzung		
GPS:	54°11'20.2"N 11°00'46.1"E		
Markierung:	keine Markierung		
Wegecharakteristik:	38 % Weg – 35 % Wanderweg – 17 % Nebenstraße – 10 % Strand		

Die Tour startet mitten in der Feldmark an der Kreuzung Klostersee/Klosterschleuse. Von hier aus geht man rechts in die Straße Klosterschleuse. Jetzt kann man 2,5 sehr entspannte km ohne Verkehr, andere Hunde und mit nur sehr wenigen Radfahren genießen. Am **1** Parkplatz geht es weiter geradeaus, das Meer ist noch gut 300 m durch die Dünen entfernt. Am Wasser angekommen biegt man links ab in Richtung Kellenhusen. Nach etwas mehr als 2 km beginnt der offizielle **2** Hundestrand. Hier kann man nun weiter nach Kellenhusen gehen und das Treiben am Strand und an der Promenade aus einem der schönen Cafés beobachten oder – da sich Hund und Halter richtig warmgelaufen haben – in die Vollen gehen. Also wieder über den Deich und zurück in Richtung Parkplatz. Oben fahren die Radler – unten, im

Nix für Angsthasen: diese Tour fordert den ganzen Hund

Windschatten, lässt es sich ungestört laufen. Wichtig: Wasserdichte Schuhe nicht vergessen, da der Weg teilweise recht matschig sein kann. Die Weide zur Rechten ist mit einem sehr großzügig ausgelegten Zaun gesichert; kleine und flinke Hunde schaffen es locker, durch die Maschen zu krabbeln und die dösig dahinter grasenden ❗ Kühe aufzuscheuchen. Nach etwas mehr als 7 km wieder am Parkplatz angekommen hält man sich nun rechts und biegt nach 300 m noch einmal rechts in den 🅴 Feldweg ein. Diesem – hier noch gut zu bewandernden Weg - folgt man mit dem gerne auch frei laufenden Hund

Tipp

Wer die Tour in der entgegengesetzten als der hier vorgeschlagenen Richtung wandert, hat erst die Arbeit vor sich und kann dann das Vergnügen einer ruhigen Deichwanderung mit abschließendem Buddeln und Herumtollen am Strand genießen. In der vorgeschlagenen Richtung tobt sich der Hund erst aus und wird ab km 7,5 noch einmal so richtig gefordert. Hier empfiehlt es sich, festes Schuhwerk anzuziehen. Der frisch aufgeforstete Weg am kleinen Entwässerungskanal entlang ist teilweise mit nicht fortgeräumtem Brombeergestrüpp versperrt. Hier muss man sich den richtigen Weg (drüberklettern oder unterherkriechen) spontan aussuchen. Wer die Brücke bei km 9,70 erreicht hat, hat es (fast) geschafft: Ab jetzt ist's ein Spaziergang.

Klettern oder Kriechen: Erlaubt ist, was Erfolg verspricht

für einen entspannten km. Dann wird der Weg zu einer Erd- und Geröllpiste. Der rechts am Weg entlang laufende kleine Entwässerungsgraben wurde frisch ausgekoffert und die Erde ordentlich auf dem Wanderweg ausgebreitet. Nach 500 m muss man nun mangels dick aufgetragener Erde über Baumschnitt und die frisch aufgeforsteten Sträucher kraxeln. Hier sind a) feste Schuhe und b) robuste Klamotten sehr wichtig, um die gute Laune nicht auf den Nullpunkt sinken zu lassen. Wenn man an der Ostseeküste schon Bergwandern muss, will man sich ja wenigstens nicht noch seine Kleidung ruinieren. Nach weiteren 200 m erreicht man einen kleinen **4** Steg. Wenn man den überquert, kann man sich nach links haltend am Feldrand entlang zur Obstwiese durcharbeiten und auf der begrünten und bereits aufgeforsteten Seite des Kanals weitergehen. Sollte der anwesende Landwirt diesen Plan durchkreuzen, ackert man sich im wahrsten Sinne des Wortes weiter durchs Gebüsch und nimmt nach 500 m den nächsten **5** Steg über den Kanal. Auf dieser Wiese kommt auch der Weg vom gegenüberliegenden Ufer an. Jetzt überquert man die Wiese und biegt nach knapp 100 m am Waldrand nach links ab. Der Waldweg führt zu einer **6** Kreuzung, an der es rechts nach Kellenhusen in den Ort und links über das Gelände des Demeter-Hofes Klostersee die verbleibenden 500 m schnurstracks zurück zum Auto geht.

Info

H	kein ÖPNV
P	Wer sein Auto nicht an der nur selten befahrenen Straße parken möchte (s.o.), der fährt die Straße „Klosterschleuse" bis zum kostenfreien Strandparkplatz weiter
🗺	Kompass-Wanderkarten Fehmarn - Oldenburg WK 716
🍴	Café Daggi Strandpromenade 23 23746 Kellenhusen Tel.: 04364-9508 www.cafe-daggi.de Restaurant Café Kruse Strandpromenade 8 23746 Kellenhusen Tel.: 04364-508 www.restaurant-kellenhusen.de
🛏	Hotel Vier Linden Lindenstraße 4-6 23746 Kellenhusen Tel.: 04364-4950 www.hotel-vier-linden.de
i	Kurverwaltung Ostseeheilbad Kellenhusen Strandpromenade 15 23746 Kellenhusen Tel.: 04364-49750 www.kellenhusen.de
✚	Dr. Inka Schneekloth Pappelhof 17 23743 Grömitz Tel.: 04562-9883

Hintergrund

Insbesondere im Frühjahr und im Sommer bietet sich nach erfolgreicher Wanderung der Besuch im nahgelegenen Hof Klostersee mit seinem Hof-Café an. Frisches Gemüse, Obst und allerlei selbstgebackenes locken zum Vor-Ort-Essen oder zum Mit-nach-Hause-nehmen.

Brodtener Steilufer – Abenteuer für Hunde – Stock und Stein am Strand

Auf zum Brodtener Steilufer

Hundefreundlichkeit: Hund und Halter können sich auf dieser Tour nach Herzenslust austoben und spannende Entdeckungen machen. Am Hundestrand wartet ein exklusiver Badesteg für Hunde. Auf dem Rückweg läuft man über einen gut befestigten Weg auf dem oberen Steilufer und kann das Küstenpanorama genießen. Kleine Wasserläufe bieten gute Trinkmöglichkeiten für Hunde.

Tour-Info	↔ 6,5 km	⏲ 2 Std.	↕ 19 / 1 m
Kategorie:	mittelschwer		
Start-Ziel:	Travemünde, Parkplatz Mövenstein am Ende der Kaiserallee		
GPS:	53°58'25.4"N 10°52'56.7"E		
Markierung:	„Ostseeküsten Radweg" / „OH"		
Wegecharakteristik:	50 % Strand – 35 % Wanderweg – 5 % Nebenstraße – 10 % Wald		

Getreu dem Motto „Erst die Arbeit, dann das Vergnügen" startet man am besten vom Parkplatz Mövenstein. Rechtsrum am Yachtclub-Gelände entlang geht es in Richtung Hundestrand. Dort befindet sich ein exklusiver 1 Badesteg für Hunde. Leider ist der Hundestrand mit seinen knapp 200 m relativ kurz bemessen. Daran anschließend kommt der Strand für die ❗ Zweibeiner. Hier muss der Hund auf jeden Fall an die Leine genommen werden. Nach weiteren gut 300 m ist auch dieser offizielle und bewachte Strandabschnitt zu Ende. Dort, wo das DLRG Häuschen steht, kann der Hund abgeleint werden. Denn das, was nun folgt, ist besser als jeder Abenteuerspielplatz. Der von dicken Felsen, großen Steinen, Muschelspitzen und grobem Sand bedeckte Strand ist nicht sehr breit, dafür aber sehr anspruchsvoll zu bewandern. Teilweise ist es notwendig, bis zu den Knöcheln durch das Meer zu stapfen, da ❗ herabgestürzte Bäume das direkte Vorankommen behindern. Beeindruckende Uferabbrüche zur Linken,

TOUR 16

Nord ↑ komoot, Kartendaten: © OpenStreetMap-Mitwirkende, CC-BY-SA

1 km

Ostsee

Hävenkamp
Pfingstbusch
Brodten
Wedenberg
Golfplatz
Howingsbrook
Steenkamp
Travemünde
Moorredder
B76
B75

Hunde-Wellness bei jedem Wetter: Badesteg für Vierbeiner

das Meer zur Rechten. Schwemmholz, Treibgut, Tang, Muscheln sind für Hundenasen ein Fest. Obwohl der Weg zum ❷ Treppenaufgang, der hinauf zum oberen Steilufer führt, nur gut 3,5 km lang ist, kommt einem der Weg gefühlt mindestens doppelt so lang vor. An der Treppe angekommen, könnte man meinen, die Redewendung „über Stock und Stein gehen" sei hier am Brodtener Ufer entstanden. Das „Schlimmste" ist nun geschafft: Mit Rückenwind und der Nachmittagssonne im Gesicht geht es den gut ausgebauten Naturwanderweg zurück zum Parkplatz Mövenstein. Hier lohnt es sich, das traumhafte Fördepanorama und die Weite des Schleswig-Holsteinischen Hügellandes zu genießen. Linker Hand am Horizont, das imposante Maritim-Hotel in Timmendorfer Strand. Weiter entlang erblickt man

Ab ins Meer

an der weißen Sandkante gelegen, die Silhouette des Hansa-Parks in Sierksdorf (übrigens der einzige Freizeitpark Deutschlands direkt am Meer). Mitten im kleinen Uferwäldchen liegt rechterhand das Ausflugslokal „Hermannshöhe". Bei schönem Wetter kann man einfache Speisen und kühle Getränke draußen auf der Wiese im Strandkorb mit Meerblick genießen. Wenn es draußen stürmt (manchmal passiert das hier oben an der Küste), genießt man den Blick mit einer heißen Schokolade oder einem wärmenden Pharisäer einfach von drinnen. Hunde sind hier gern gesehene Gäste.

Tipp

Wer die Tour verlängern möchte, steigt nicht die stabile Holztreppe hinauf, die nach oben auf das Steilufer führt, sondern lässt die Treppe links liegen und wandert weiter den steinigen Strand entlang. Nach einem knappen km kommt die nächste Möglichkeit, um das Steilufer zu erklimmen. Oben angekommen wieder links abbiegen, um zurück zum Ausgangspunkt zu wandern. Wer allerdings noch genügend Luft hat, biegt oben rechts ab und kommt nach einem weiteren km in Niendorf/Ostsee an. Hier locken der kleine Hafen und die besten Fischbrötchen der Gegend.

Info

🚇	RB 21510 von Lübeck-Hauptbahnhof bis Travemünde-Strand. Bus 30 oder 40 von Lübeck ZOB bis Travemünde-Strand.
🅿	Parkplatz Mövenstein, am Ende der Kaiserallee (gebührenpflichtig täglich von 8-18 Uhr)
🗺	Kompass-Wanderkarten Lübeck - Priwall WK 719
🍴	Huxmanns Pavillon Kaiserallee 59 23570 Travemünde Tel.: 04502-4055 (Dienstags Ruhetag) Hermannshöhe Erlebniscafé Hermannshöhe 1 23570 Travemünde Tel.: 04502-8885425 www.die-hermannshoehe.de
🛏	Villa Wellenrausch Kaiserallee 5 23570 Travemünde Tel.: 04502-86110 www.villa-wellenrausch.de Villa Gropius Strandallee 50 23669 Timmendorfer Strand Tel.: 04503-702003 www.villa-gropius.de
ℹ	Tourismusbüro Travemünde Strandbahnhof Bertlingstraße 21 23570 Travemünde Tel.: 0451-8899700 www.travemuende-tourismus.de
✚	Tierarztpraxis am Dreilingsberg Steffen Kalbfleisch Am Dreilingsberg 19 23570 Travemünde Tel.: 04502-2311 www.tierarzt-travemuende

TOUR
17

**Dummersdorfer Ufer – Stülper Huk –
große Pötte aus nächster Nähe betrachten**

Zum Stülper Huk und großen Pötten

Hundefreundlichkeit: **Bei dieser Tour können Hunde größtenteils frei laufen. Gut befestigte Wanderwege wechseln sich mit weichen Waldwegen und feinsandigen Strandabschnitten ab. An den Strandabschnitten weiden je nach Jahreszeit Schafe – dann sollten Hunde an der Leine geführt werden. Auf der Tour kommen einem nur selten Menschen entgegen.**

Tour-Info	↔ 10,5 km	🕒 2 Std.	↕ 33 / 1 m
Kategorie:	leicht		
Start-Ziel:	Lübeck OT Kücknitz, Parkplatz Hirtenbergweg		
GPS:	53°55'04.2"N 10°50'59.7"E		
Markierung:	gelbe Ente / rote Blume / rosa Rettungsring / schwarzer Pfeil		
Wegecharakteristik:	81 % Wanderweg – 19 % Weg		

Diese Tour ist ideal für Hunde, die sich gerne austoben wollen. Das können sie nach Herzenslust, weil sich direkt an den Parkplatz gut befestigte Wanderwege und feste Wiesen anschließen. Während der Brut- und Rastzeit seltener Tiere (April bis Juli) sollten Hunde allerdings in Sichtweite gehalten werden. Nach einer kleinen Steigung über die Felder geht es ab in Richtung Wald. Man riecht hier schon fast das Meer und die vorbeifahrenden großen Pötte tuten. Ist der Waldrand erreicht, biegt der Weg Richtung Osten ab. Nach etwa 500 m taucht plötzlich der **1** Aussichtsturm hoch über dem Dummersdorfer Ufer auf. Ideal für eine Rast – und bei gemischtem Wetter (ja, in Schleswig-Holstein ist das ganze Jahr über ein bisschen April...) bietet er einen soliden Unterstand für Hund und Halter. Sehr gut: Die Stufen sind aus Massivholz und nicht aus Lochgitter. Hunde können den Turm also erklimmen, ohne getragen werden zu müssen. Weiter gehtes in das nächste Wäldchen. Rechter Hand schimmert das Wasser durch die Bäume. Ein

Es gibt für Hunde viel zu entdecken am Dummersdorfer Ufer

wildromantischer, aber trittfester Pfad schlängelt sich durch die Bäume, bis man direkt in der scharfen Kurve vor einem 2 Gatter steht. Von hier oben hat man einen beeindruckenden Panoramablick über die Travemündung bis zum Timmendorfer Strand. Im Sommer weiden auf der Wiese hinter dem Gatter Schafe – dann geht es dem Pfad folgend weiter. Außerhalb der Saison, also zwischen Oktober und März, lohnt es sich, durch das Gatter zu gehen und die mit festem Rasen bedeckten Ballastberge herunter in Richtung 3 Strand zu laufen. In Schleswig-Holstein gilt übrigens Folgendes: Ist das Gatter geöffnet, bleibt es offen. Ist es geschlossen, lässt man es wieder zufallen, nachdem man es passiert hat. Der Hund ist wahrscheinlich schon voraus geeilt und buddelt am Strand Muscheln und Stöckchen aus. Von hier aus gibt es jetzt zwei Möglichkeiten, weiter zu gehen: Entweder landseitig des Schutzzaunes den Berg wieder hochkraxeln und dann oben dem sich am Ufer

Jetzt Katalog bestellen!
unter: enno-frida@aovo.de

Beispielangebot

Urlaub mit Hund im Wanderparadies

Hotel Waldblick*
Bodenmais/Bayerischer Wald**

- ✓ 4 Übernachtungen inkl. Frühstück
- ✓ 2 Hunde im Zimmer kostenfrei
- ✓ Lunchpaket für Mensch und Tier
- ✓ arberaktivCard
- ✓ u.v.m.

ab **155,- €** p. P.

Buchbar unter:
Hotline: 01806 550195
Mo. - Fr. 08:00 - 20:00 Uhr, Sa. - So. 10:00 - 20:00 Uhr
€ 0,20/Anruf a. d. dt. Festnetz, max. € 0,60/Anruf a. d. Mobilfunk
oder unter: **www.urlaub-mit-hund-shop.com**

aovo Touristik AG | Esperantostr. 4 | 30519 Hannover

Waldrand entlangschlängelnden Pfad folgen. Oder im Sand weitergehen, wieder ein Gatter durchschreiten, und der Wasserkante folgen. So oder so: Nach knapp 2 km geht schlängelt sich der Weg wieder den Berg rauf. Durch den

Tipp

An vielen Stellen der Wanderung kann man wunderbar Rast machen und Picknicken. Entweder windgeschützt mit Blick in Richtung Lübeck auf den oberen Wiesen zu Beginn der Runde oder nach dem Durchqueren des ersten Wäldchens mit Blick auf die Trave. Auf dem Ballastberg geht das allerdings nur, wenn dort gerade keine Schafe weiden. Ansonsten laden drei lauschige Bänke zum Verweilen ein - eine davon bietet spannende Aussichten auf das Treiben am Travemünder Skandinavienkai.

Hintergrund

Bis zur Wiedervereinigung stellten das Dummersdorfer Ufer und die Pötenitzer Wiek das Ende der westlichen Welt dar. Die Mitte der Trave markierte die Grenze zur ehemaligen DDR – das gegenüberliegende Ufer gehörte bereits zum heutigen Mecklenburg-Vorpommern. Bis heute ist diese hundefreundliche Tour ein abseits der dichtbevölkerten Touristenpfade liegender Geheimtipp. Die Bewohner des Lübecker Stadtteils Kücknitz genießen das Naherholungsgebiet, manchmal begegnen einem ein paar Urlauber aus Travemünde. Aber die meiste Zeit ist hier absolut nichts los. Im Mittelalter nutzten die leer in die Ostsee auslaufenden Schiffe den Kies am Travesteilufer als Schiffsballast. Die Entnahmekuhlen, die sogenannten „Ballastberge" sind noch heute als Bodendellen gut erkennbar. Was heute als „Dummersdorfer Ufer" bekannt ist, wird von Seefahrern und Fischern auch „Stülper Huk" genannt. Diese maritime Bezeichnung spielt auf die hakenartige Sandnase der Halbinsel an.

Info

🅗	kein ÖPNV
🅟	kostenfreier Parkplatz Hirtenbergweg
🗺	Kompass-Wanderkarten Lübeck - Priwall WK 719
🍴	Restaurant Syrtaki Solmitzstraße 17 23569 Lübeck Tel.: 0451-3080689 www.syrtaki-hl.de
🛏	Hotel & Restaurant Waldhusen Waldhusener Weg 22 23569 Lübeck Tel.: 0451-398730 www.waldhusen.de
ℹ	Lübeck Welcome Center Lübeck & Travemünde Marketing GmbH Holstentorplatz 1 23552 Lübeck Tel.: 0451-8899700 www.luebeck-tourismus.de
✚	Kleintierklinik am Tierheim Lübeck GbR FTA Wolf-Alexander Heitmann Resebergweg 20 23569 Lübeck Tel.: 0451-3072476 www.kat-hl.de

Wald geht es weiter, bis direkt zum 4 Skandinavienkai. Hier gibt's eine Bank und einen weiteren Aussichtsturm am Waldrand, von dem aus man das Treiben im Hafen beobachten kann. Für den Rückweg bieten sich nach etwa 6 km mehrere Möglichkeiten an: etwas kürzer zum Auto zurück durch Feld, Wald und Wiese (gut 4 km) oder knapp 7 km oberhalb der Bahnstrecke entlang, durch Alt Kücknitz und Roter Hahn zurück zum Parkplatz.

Von Wismar bis Bad Doberan

TOUR 18

Bezaubernde Altstadt – Alter Hafen Wismar – schöne Blicke auf Wismar genießen

Unterwegs in der Hansestadt Wismar

Hundefreundlichkeit: In der alten historischen Hansestadt Wismar sind Hunde gern gesehene Gäste. Für Hunde gibt es hier viel zu entdecken und zu erschnüffeln. Da es innerhalb der Stadt kaum Möglichkeiten zum Trinken gibt, sollte man ausreichend Wasser mitnehmen. Die zahlreichen Hundetoiletten, die stets gut mit Hundekotbeuteln ausgestattet sind, mögen auch den vergesslichsten Zweibeiner daran erinnern, die Hinterlassenschaften seines Vierbeiners zu entfernen. Der zweite Teil der Tour führt durch das Naturschutzgebiet Mühlenteich. Hier gibt es für Fellnasen zahlreiche Möglichkeiten zum Trinken und Baden.

Tour-Info	↔ 11 km	⏲ 3,5 Std.	↕ 16 / 1 m
Kategorie:	leicht		
Start-Ziel:	Wismar, Dahlmannstraße (Fritz-Reuter-Schule)		
GPS:	53°53'18.0"N 11°27'34.7"E		
Markierung:	keine Markierungen		
Wegecharakteristik:	38 % Wanderweg – 29 % Nebenstraße – 23 % Weg – 10 % Straße		

Vom Parkplatz aus führt der Weg nach Überquerung der Dahlmannstraße geradeaus auf die Straße Petriberg, die auf die Papenstraße stößt. Der Straße folgen wir und gelangen zur **1** St. Marienkirche. Dem leichten Bogen der Straße folgen wir, vorbei am Archidiakonat, an der nächsten Weggabelung nach rechts in die Sargmacherstraße.

Am Ende der Straße geht es links herum und man erreicht den Marktplatz von Wismar. Wir laufen geradeaus, an der **2** Wasserkunst vorbei, dann nach links am Marktplatz entlang, bis das Rathaus erreicht ist. Eine kleine Gasse führt geradeaus in die Straße Hinter dem Rathaus, der beliebten Fußgängerzone von Wismar. Wir folgen dem

Die Wasserkunst auf dem Marktplatz gilt als das Wahrzeichen von Wismar

Weg nach links, halten uns an der nächsten Straßenkreuzung rechts und gelangen in die Krämerstraße. Ist der Hopfenmarkt erreicht, geht es weiter geradeaus der Bohrstraße entlang. Am Ende der Straße halten wir uns links und überqueren den Mühlenbach. Weiter geht es geradeaus (Scheuerstraße), bis der Weg auf die Straße Spiegelberg stößt. Hier führt der Weg nach links

Das Naturschutzgebiet Mühlenteich bietet nach einer aufregenden und spannenden Stadt-Tour Ruhe und Entspannung

durch das **3** Wassertor, dem letzten erhaltenen Hafentor der Hansestadt. Dann überqueren wir die Straße und gelangen über die Wasserstraße zum **4** Alten Hafen von Wismar. Der Weg führt nun geradeaus weiter bis zur Spitze des Hafens und auf der rechten Seite wieder zurück zur Wasserstraße.

Dabei läuft man bis zur Kopenhagener Straße und hält sich an der Straßenkreuzung rechts. Nach links der Wasserstraße folgend, geht es vorbei am Busbahnhof, über die Poeler Straße. Der Bahnhofstraße folgen wir, bis kurz nach dem Bahnhof eine kleine Grünanlage beginnt. Links führt ein kleiner

Weg am Mühlenbach vorbei, dem man bis zur Rostocker Straße folgt. Weiter geht es nach links in die Rostocker Straße, wobei man zunächst den Mühlenbach und dann die Bahngleise überquert.

Der Rostocker Straße noch etwa 100 m folgend, führt rechts ein Fußweg unter einer Brücke hindurch, auf dem man den 5 Mühlenteich erreicht. Dem Fußweg weiter folgend, führt der Weg teils am Ufer des Mühlenteiches und teils an Kleingärten entlang. Nach etwa 400 m stoßen wir auf eine Schranke. Geht man vor der Schranke nach rechts, gelangt man auf den Uferweg, der jedoch, je nach Jahreszeit, sehr schlammig sein kann. Alternativ kann man an dieser Stelle auch nach links gehen und läuft, nach wenigen Metern dem Weg nach rechts folgend, auf einem breiten Feldweg entlang der Gartenanlage geradeaus, bis man auf den Mühlenteich stößt. Beide Wege kommen an dieser Stelle an einem kleinen Rastplatz zusammen.

Dem Weg nach links weiter folgend (vom Uferweg weiter geradeaus) geht es nun auf dem Wanderweg Mühlenteich Richtung Süden, vorbei an Feldern und kleinen Wäldchen. Hat man den südlichen Teil des Mühlenteiches erreicht, führt der Weg an einigen Häusern und Kleingärten weiter zum Junferteich. Am südwestlichen Ende des Teiches biegt man nach rechts und gelangt, an den Gleisen laufend, die Straße Lenensruhe. Links unter den Gleisen hindurch geht es weiter geradeaus, bis man die Straße Lenensruher Weg erreicht. Hier führt uns der Weg nach rechts etwa 200 m der Straße entlang. Weiter geht es nach links, an einer Schule vorbei, und weiter geradeaus durch eine kleine Grünanlage, die auf die Dr.-Unruh-Straße führt. Wir folgen der Straße Vogelsang, bis wir auf die Dr.-Leber-Straße stoßen, auf der man nach links folgend die Dahlmannstraße und den Parkplatz erreicht.

	Info
H	RE nach Wismar, Stadtbus bis Haltepunkt Schweriner Straße
P	Wismar, Dahlmanstraße
🗺	Rad- und Wanderkarte Wismar – Insel Poel (Verlag grünes herz, Ilmenau)
🍴	Café Glücklich Schweinsbrücke 7 23966 Wismar Tel.: 03841-7969377
🛏	Restaurant & Hotel Wismar Breite Straße 10 23966 Wismar Tel.: 03841-227340 www.hotel-restaurant-wismar.de Hund: 5 Euro/Nacht
i	Tourist-Information Wismar Lübsche Straße 23 a 23966 Wismar Tel.: 03841-19433 www.wismar.de
✚	TA Dirk Fechner Schweriner Straße 10 23970 Wismar Tel.: 03841-259099 www.tierarztpraxis-fechner.de

TOUR 19

Hafen Kirchdorf – weite Felder und Naturstrände – Reetmoor

Abstecher auf die Insel Poel

Hundefreundlichkeit: Hunde sind auf der Insel Poel überall willkommen. Die hiesigen Naturschutzgebiete sind die Heimat vieler Wat- und Wasservögel, weshalb insbesondere für Hunde eine Anleinpflicht besteht. Die ausgewiesenen Hundestrände laden zum Baden und Entspannen ein. Der Weg führt vorbei an Wiesen, weiten Feldern, durch kleinere Ortschaften und entlang der Küste. Da die weiten Feldwege kaum Schatten bieten, ist diese Tour nur bedingt für heiße und sonnige Tage geeignet.

Tour-Info	↔ 14 km	⏲ 4,5 Std.	↕ 12 / -1 m
Kategorie:	leicht		
Start-Ziel:	Insel Poel/OT Kirchdorf, Parkplatz Wismarsche Straße		
GPS:	53°59'41.4"N 11°26'09.2"E		
Markierung:	Naturlehrpfad durch das Rethmoor		
Wegecharakteristik:	31 % Weg – 45 % Wanderweg – 21 % Nebenstraße – 3 % Straße		

Die Tour beginnt am Parkplatz der Veste Poel. Nach dem Überqueren der Wismarschen Straße führt der Weg etwa 30 m geradeaus und an der Weggabelung nach links. Dem Feldweg folgend gehen wir an der nächsten Weggabelung nach rechts in Richtung Neuhof. Im Ort angelangt, gehen wir geradeaus und folgen der Straße bis zum Gutshaus. Dem Straßenverlauf zweimal nach links folgend, geht es nach wenigen Metern an der nächsten Abzweigung rechts herum.

Vorbei an Wiesen und Feldern folgen wir dem Weg, der in einen Fahrradweg mündet, weiter geradeaus. Folgt man dem Fahrradweg für etwa 50 m weiter geradeaus, erreicht man einen kleinen Rastplatz. Hier führt der Weg nach rechts und man läuft nun parallel zum Strand. Wir folgen dem Wanderweg, bis er auf den Fahrradweg führt, dem man für wenige Meter nach links folgt. Den Fahrradweg hinter uns lassend, geht es auf einem breiten Wanderweg weiter,

An diesem Rastplatz, der zum Verweilen einlädt, führt der Naturlehrpfad durch das Rethmoor vorbei

auf dem man, nach einem Schlenker nach links, das 1 Reethmoor erreicht. Hier führt ein Naturlehrpfad durch das Moor, der an einem Rastplatz endet. Wir folgen nun dem befestigten Weg in die Ortschaft Am Schwarzen Busch und kommen, weiter auf der Strandpromenade laufend, zu einer Parkanlage. Hier folgen wir für etwa 250 m dem Weg geradeaus

TOUR 19

Im Hafen von Kirchdorf haben nicht nur Fischerboote ihren Heimathafen, sondern auch viele Segler und Liebhaber von Traditionsschiffen legen hier gerne an

und an der nächsten Wegkreuzung dem Wegweiser nach rechts in Richtung Kaltenhof. An der Weggabelung halten wir uns links und gelangen auf dem Bernsteinweg zu einem **2** Gutshof.

Der Weg führt weiter nach links und dann durch eine kleine Grünanlage. An der nächsten Wegkreuzung folgen wir dem Holzschild, das uns den Weg nach Kirchdorf weist. Haben wir Kaltenhof hinter uns gelassen, gelangen wir nach etwa 200 m an eine Weggabelung, an der wir dem Feldweg nach links folgen. An der nächsten Wegkreuzung, nach etwa 700 m, halten wir uns rechts und folgen dem Weg, der zum Ortseingang von Kirchdorf führt. Für etwa 120 m folgen wir der Straße nach rechts und halten uns an der Kreuzung links in Richtung Niendorf. Auf dem Radweg geht es bis zur nächsten Wegkreuzung. Hier überqueren wir die Straße und folgen dieser für wenige Meter nach links, halten uns aber nach den Bäumen gleich wieder rechts und folgen dem Wiesenweg, der direkt zum **3** Hafen von Kirchdorf führt. Die Straße Am Hafen führt zu einem kleinen Parkplatz, an dem wir uns links halten und einen kleinen Weg folgen, der zur **4** Dorfkirche und den Überresten der **5** Veste Poels, von denen heute nur noch Erdwälle ehemaliger Festungsanlagen übrig sind, führt. Von dort gelangt man nach wenigen Metern zum Parkplatz und Ausgangspunkt der Tour.

Info

H	RE nach Wismar, Bus 430 ab ZOB Wismar
P	Insel Poel/OT Kirchdorf, Wismarsche Straße
🗺	Rad- und Wanderkarte Wismar – Insel Poel (Verlag grünes herz, Ilmenau)
🍴	Café Frieda Oertzenhof 4 23999 Insel Poel/OT Oertzenhof Tel.: 038425-429820 www.cafe-frieda.de
🛏	Gutshaus Neuhof Neuhof 14/15 23999 Insel Poel/OT Neuhof Tel.: 038425-42162 www.haus-auf-poel.de Hund: 10 Euro/Nacht
i	Kurverwaltung Ostseebad Insel Poel Wismarsche Straße 2 23999 Insel Poel/OT Kirchdorf Tel.: 038425-20347 www.insel-poel.de
✚	TA Christian Uhlmann Alter Holzhafen 27a 23970 Wismar Tel.: 03841-250240

**Alte Baumbestände und Feuchtbiotope –
sanfte Wiesen und Felder**

Rundwanderung durchs Hellbachtal

Hundefreundlichkeit: Die Tour führt zunächst durch das Hellbachtal. Hier gibt es für Hunde zahlreiche Möglichkeiten zum Trinken und Erfrischen. Der Pfad, der teilweise über kleine Holztreppen- und -wege führt, erfordert gute Trittsicherheit und Geschick. Weiter geht es in Richtung Norden: vorbei an weiten Feldern, Höfen und Ortschaften und durch kleine Wälder. Die Tour ist landschaftlich sehr abwechslungsreich und bietet unterwegs Möglichkeiten zum Trinken. Da die Feldwege kaum Schatten bieten, ist diese Tour nicht für heiße und sonnige Tage geeignet.

Tour-Info	↔ 18 km	⏱ 5,5 Std.	↕ 45 / 14 m
Kategorie:	mittelschwer		
Start-Ziel:	Neubukow, Parkplatz Mühlentor		
GPS:	54°02'04.4"N 11°40'04.3"E		
Markierung:	Naturlehrpfad Hellbachtal		
Wegecharakteristik:	55 % Wanderweg – 21 % Straße – 14 % Weg – 10 % Nebenstraße		

Die Tour startet in Neubukow am Mühlentor, in unmittelbacher Nähe der **1** Holländerwindmühle. Vom Parkplatz geht es wenige Meter Richtung Norden und an der nächsten Wegkreuzung nach links auf den Wanderweg Hellbachtal, dem man nach rechts folgt. Der sehr gut ausgebaute Weg führt nun für etwa 2 km durch das **2** Hellbachtal bis zu dem Ortsteil Buschmühlen. Noch vor dem Ort geht es weiter nach rechts in Richtung Spriehusen. An weiten Feldern vorbei gehen wir geradeaus durch den Ort hindurch bis zur Hauptstraße. Hier biegen wir nach links und folgen der Neubukower Straße für etwa 1 km.

Ist die Ortschaft passiert, eröffnet sich rechts ein Weg, dem man einmal nach rechts und dann einmal nach links in nördliche Richtung folgt. Entlang von Feldern geht es geradeaus,

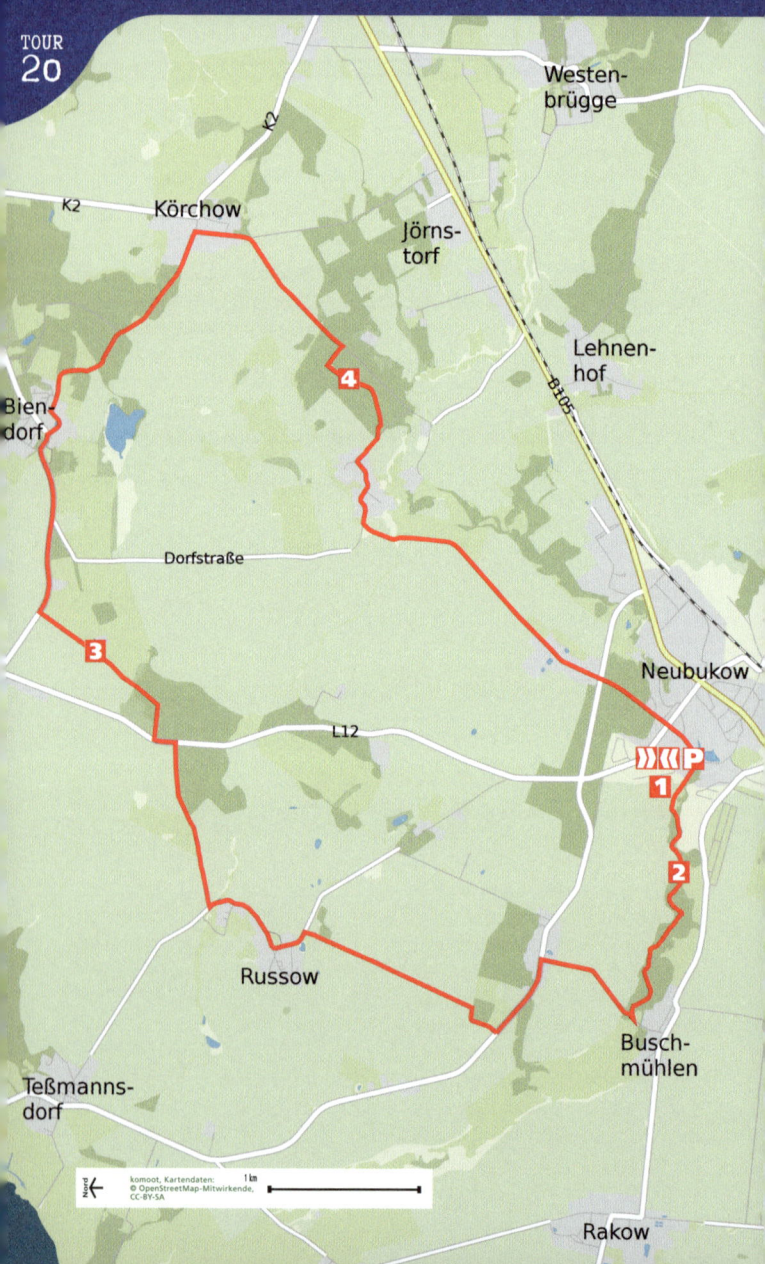

bis man die Hauptstraße erreicht. Der Weg führt nun nach links in die Ortschaft Russow. Wir folgen der Hauptstraße geradeaus und gehen an der Dorfkirche nach rechts in Richtung Roggow. Am Ortsausgang von Roggow führt der Weg nach rechts, vorbei an Feldern und entlang eines Waldes. Bei der nächsten Wegkreuzung folgen wir dem Weg in den Wald bis zur Weggabelung. Hier halten wir uns links und folgen dem Weg über die Felder. An einem **3** Gehöft vorbei, gelangt man nach etwa 700 m zu einer Weggabelung, bei der man weiter bis zur Hauptstraße läuft. Dieser folgen wir nach rechts und gelangen in den Ort Biendorf. An der Dorfkirche vorbei, folgt man der Hauptstraße in einem leichten Bogen nach rechts und stößt auf die Gartenstraße. Der Straße folgen wir bis zur nächsten Weggabelung, bei der wir uns rechts halten. Dabei passieren wir den Dorfteich. Die befestigte Straße geht in einen Feldweg über, der in den Wald führt. Nächste Station: die Ortschaft Körchow. Dann Jörnstorf. Nach dem Überqueren eines Baches gelangen wir in ein kleines Waldstück. Hier halten wir uns an der nächsten Weggabelung rechts und nehmen nach 150 m den Weg nach links, **4** vorbei am Moor. Dann durch den Ort Jörnstorf. Am Ortsausgang führt ein Feldweg nach links zurück nach Neubukow, Malpendorf und schließlich zurück zum Ausgangspunkt.

Bei der Tour kommt man an vielen Wiesen und Feldern vorbei, die weite Ausblicke eröffnen

	Info
🚆	RE nach Neubukow, weiter mit Bus 111 bis Haltestelle Gronau Schule
🅿	Neubukow, Parkplatz Mühlentor
🗺	Rad- und Wanderkarte Rerik – Kühlungsborn (Verlag grünes herz, Ilmenau)
🍴	Restaurant - Eiscafe Troja Wismarsche Str. 8 18233 Neubukow Tel.: 038294-78263
⛔	Jungbrunnen Ferienwohnungen im Naturschutzgebiet Quellental Vivian und Joachim Jung Ausbau 7-8 18211 Retschow OT Glashagen Tel.: 038203-62253 www.jungbrunnen.biz Hund: 5 Euro/Nacht (maximal zwei Hunde)
ℹ	Tourismuszentrum Mecklenburgische Ostseeküste Kühlungsborner Straße 2 18236 Kröpelin Tel.: 038292-8613 www.ostseekueste.m-vp.de
✚	Tierarztpraxis Neubukow Am Markt 15 18233 Neubukow Tel.: 0152-59778119 www.tierarztpraxis-leue.de

Wälder, Hügel und kleine Bäche –
Blicke zur Ostsee genießen – sanfte Wiesen und Felder

Auf vier Pfoten durch die Kühlung

Hundefreundlichkeit: Die Tour führt durch das Waldgebiet der Kühlung, in dem mit vielen Wildtieren zu rechnen ist. Das Auf und Ab der Wege kann den ein oder anderen Vier- oder auch Zweibeiner schnell ermüden (bei Hundesenioren aufpassen) und erfordert eine gewisse Fitness. Ansonsten lässt sich die Tour selbst in den Sommermonaten problemlos laufen, denn Schatten gibt es hier genug.

Tour-Info	↔ 7 km	🕐 2 Std.	↕ 112 / 60 m
Kategorie:	mittelschwer		
Start-Ziel:	Jennewitz, Wanderparkplatz		
GPS:	54°05'58.4"N 11°47'10.5"E		
Markierung:	weiß-gelbe Markierung		
Wegecharakteristik:	70 % Wanderweg – 15 % Weg – 14 % Bergwanderweg – 1 % Straße		

Die Tour startet nördlich des Ortes Jennewitz auf einem Wanderparkplatz. Hier folgen wir dem Weg geradeaus in den Wald, bis nach etwa 250 m die **1** Paris-Schneise erreicht ist. An der Wegkreuzung geht es nach links, einen sanften Hügel hinab, bis man zu einem kleinen See mit Picknickplatz gelangt. Weiter geht es nun leicht bergauf bis zur Straße. Auf der gegenüberliegenden Seite stoßen wir auf einen Waldweg, dem wir folgen. Nach etwa 200 m gelangt man zu einer kleinen Lichtung, wo sich auch der

2 Klothstein, ein Zeuge der letzten Eiszeit, befindet. Weiter geht es auf dem Waldweg bis zur Straße. Nachdem die Straße überquert wurde, geht es, vorbei an einem Wanderparkplatz, auf einem breiten Waldweg den Hang hinab. An der nächsten Weggabelung biegen wir nach links auf einen schmaleren Weg. Dann bis zum Waldrand der Kühlung. Von hier aus kann man weite Blicke bis zur Ostsee genießen.
Der Weg führt durch eine schmale Allee am Waldrand entlang. Nach der zweiten Brücke geht es weiter nach

Der Weg führt an einigen Stellen am Waldrand entlang, hier eröffnen sich tolle Ausblicke, sogar bis zur Ostsee

rechts in den Wald hinein. Den Hügel hinauf folgt man der weiß-gelben Markierung. Hat man den Hügel hinter sich gelassen, gelangt man auf eine **3** Lichtung mit einem Rastplatz. Dem Wegweiser nach Steffenshagen weiter folgend, erreichen wir nach etwa 250 m die **4** Schafstrift. Auf diesem Weg führten Bauern über lange Zeit ihre Tiere in die Kühlung. Der Trift für etwa 100 m folgend, geht es an der nächsten Weggabelung nach links. Der Weg führt wieder entlang des Waldrandes nach rechts in den Wald. Wir folgen diesem Weg vorbei an fünf Weggabelungen. Wir passieren einen Tümpel und folgen dem Weg, der nach etwa 150 m nach rechts einen kleinen Hügel hinaufführt. Oberhalb eines Baches geht es an der nächsten Abzweigung zunächst nach rechts, danach halten wir uns links. Weiter geradeaus erreichen wir eine Wegkreuzung, bei der wir links abbiegen. Nach etwa 300 m erreichen wir den Parkplatz.

Info

🚆	RE nach Kröpelin, weiter mit Bus 104 nach Jennewitz
🅿	Jennewitz, Wanderparkplatz
🗺	Rad- und Wanderkarte Rerik – Kühlungsborn (Verlag grünes herz, Ilmenau)
🏨	Ferienhof und Landcafé Poggendiek Lindenweg 4 18236 Boldenshagen Tel.: 038292-320 www.poggendiek.de Hunde auf Anfrage erlaubt
ℹ	Tourismuszentrum Mecklenburgische Ostseeküste Kühlungsborner Straße 2 18236 Kröpelin Tel.: 038292-8613 www.ostseekueste.m-vp.de
✚	TA Christian Leue Markt 2 18236 Kröpelin Tel.: 0152-59778119 www.tierarztpraxis-leue.de

TOUR 22

Wanderweg zum Salzhaff

Salzwiesen – Blengower Bucht – Seebrücke Rerik –
Steilküste und weite Ausblicke

Zum Salzhaff und ins Ostseebad Rerik

Hundefreundlichkeit: Die Tour führt über weite Wiesen und Felder zum Salzhaff. Hier gibt es für Hunde einige Möglichkeiten zum Erfrischen. In Rerik führt die Tour zum Teil oberhalb der Steilküste entlang. Der Weg ist durch Geländer gut gesichert, aber an vielen Stellen auch offen. Hier den Hund im Blick behalten und darauf achten, dass er keine Rennspiele veranstaltet. Diese Tour ist von Herbst bis Frühjahr gut zu laufen, empfiehlt sich aber nicht für Sommermonate.

Tour-Info	↔ 10 km	⏱ 3 Std.	↕ 31 / -1 m
Kategorie:	leicht		
Start-Ziel:	Blengow, Dorfstraße (direkt am Dorfteich)		
GPS:	54°05'35.2"N 11°38'41.8"E		
Markierung:	gelb-weiße Markierungen, Holzschilder		
Wegecharakteristik:	38 % Weg – 33 % Wanderweg – 19 % Straße – 10 % Nebenstraße		

Die Tour startet in Blengow, nördlich des Dorfteiches. Zunächst geht es durch den Ort in Richtung **1** Gutshaus, dabei läuft man rechterhand an dem Dorfteich vorbei und biegt nach rechts in die Lindenallee. Der Straße folgend, stößt man direkt vor dem Gutshaus auf ein Holzschild, das nach links den Weg zum Salzhaff weist. Man folgt dem markierten Weg, der durch einen kleinen Park, entlang von Wiesen und kleinen Wäldern bis zur Straße führt. Nachdem die Straße überquert wurde, folgen wir dem Weg und erreichen nach etwa 300 m das Salzhaff.

Wir halten uns hier rechts und folgen einem kleinen Pfad, der zwischen Salzwiesen und Ostseeküste entlangführt. Am **2** Kuhberg lohnt sich eine Rast, denn von hier aus eröffnen sich tolle Blicke auf die Ostsee und die Halbinsel Wustrow. Dem Weg weiter folgend, gelangt man in den Ort Rerik. Der Wanderweg mündet in die Straße am Haff, der man für

etwa 150 m folgt. An der Weggabelung halten wir uns links und folgen einem Fußweg, der zum Hafenplatz führt. Diesen überqueren wir und gelangen rechts auf die Dünenstraße. Dieser folgen wir, vorbei am 3 Schmiedeberg, für etwa 150 m. Sehr unscheinbar, jedoch als Wanderweg ausgeschildert, eröffnet sich dann nach links der Küstenwanderweg von Rerik. Oberhalb der Steilküste geht es nun immer geradeaus.

Man kann mit dem einen Ohr den Vögeln und mit dem anderen Ohr dem Rauschen der Ostsee lauschen. Jedoch sollte man, insbesondere an ungesicherten Stellen, seinen Hund im Blick behalten, denn unvorsichtige und stürmische Bewegungen können hier schnell zu einer Gefahr werden. Haben wir die 4 Teufelsschlucht erreicht, folgen wir dem Weg nach rechts, der, vorbei an einem Parkplatz und weiten Feldern, bis zur Schillerstraße führt. Der Straße folgen wir nach links bis zur nächsten Abzweigung. Hier biegen wir dann rechts in die Straße am Zeltplatz und folgen dieser bis zum Friedhof von Rerik. Der Weg führt nun für etwa 150 m nach rechts entlang der Landstraße bis zu einem Feldweg. Dieser führt uns in den Ort Gaarzer Hof. Folgt man dem Weg, stößt man auf die Neubukower Straße, die überquert wird und geht für etwa 400 m einem Radweg entlang und nimmt schließlich den Weg zurück zum Ausgangspunkt.

Info

H	RE nach Neubukow, weiter mit Bus 105 nach Blengow
P	Blengow, Dorfstraße
	Rad- und Wanderkarte Rerik – Kühlungsborn (Verlag grünes herz, Ilmenau)
🍴	Hotel und Restaurant Zur Linde Leuchtturmstraße 7 18230 Ostseebad Rerik Tel.: 038296-79100 www.hotel-zur-linde-rerik.de Hund: 5 Euro/Nacht
i	Gästeinformation Ostseebad Rerik Dünenstraße 10 18230 Ostseebad Rerik Tel.: 038296-78224 www.rerik.de
✚	TÄ Dörthe Warncke Strandstraße 45 18225 Kühlungsborn Tel.: 038293-12039

Lilo und Liesi am Yachthafen von Rerik

Doberaner Münster – Hütter Wohld – Alte Karpfenteiche

Auf vier Pfoten den Mönchen auf der Spur

Hundefreundlichkeit: In Bad Doberan sind Hunde gern gesehene Gäste. Die Tour führt zunächst durch die Stadt. Ängstliche oder schreckhafte Vierbeiner mag das Gebimmel der Bäderbahn „Molli", die direkt durch die Stadt fährt, vielleicht verunsichern, aber die meisten Hunde werden der Bahn wohl eher interessiert hinterherschauen. Im Doberaner Quellholz und Cepeliner Holz gibt es einige kleine Bäche, wo Hunde trinken und sich erfrischen können. Die Tour führt in den Hütter Wohld, wo man auf Wildtiere trifft. Die Karpfenteiche und Bäche bieten Möglichkeiten zum Trinken, jedoch sollte man den Hund nicht in den Teichen baden lassen. Ein Landweg führt, vorbei an Wiesen und Feldern, nach Bad Doberan zurück. Hier ist man der Sonne ausgesetzt und es gibt kaum Schatten. Daher ist die Tour nicht für heiße Tage geeignet.

Tour-Info	↔ 16 km	⏱ 5 Std.	↕ 82 / 11 m
Kategorie:	mittelschwer		
Start-Ziel:	Bad Doberan, Parkplatz Am Buchenberg		
GPS:	54°05'35.2"N 11°38'41.8"E		
Markierung:	gelb-weiße Markierungen, Holzschilder		
Wegecharakteristik:	63 % Wanderweg – 20 % Nebenstraße – 16 % Weg – 1 % Straße		

Die Tour beginnt auf dem Parkplatz Am Buchenberg. An der Klostermauer entlang geht es in Richtung Norden, bis man, dem nächsten Weg nach rechts folgend, den **1** Doberaner Münster erreicht. An diesem vorbei, geht es an der nächsten Abzweigung nach links in den Klosterhof. Hier kommt man an mehreren ehemaligen Klostergebäuden vorbei. Nach etwa 100 m hält man sich rechts und gelangt, vorbei an einem kleinen Teich, zur Klostermauer. Hat man diese durchschritten, führt der

Die Mollistraße in Bad Doberan ist bei Touristen sehr beliebt, so kann man hier die fauchende Dampflok bestaunen

Weg nach rechts durch den Rosengarten zur Beethovenstraße. An der Ampel überquert man die Straße und geht nach links und dann die Severinstraße entlang. Linkerhand befindet sich der 2 Kamp von Bad Doberan, eine Parkanlage im englischen Stil, die das Zentrum der Stadt bildet. Nach etwa 250 m stößt man auf die Mollistraße. Wenn man Glück hat, kann man hier die Bäderbahn „Molli" bestaunen, die im 2-Stunden-Takt zwischen Bad Doberan und Kühlungsborn unterwegs ist. Der Mollistraße folgen wir nach links bis zur Rostocker Straße. Nachdem diese überquert wurde, geht es der Bahnhofstraße entlang. Wenige Meter, nachdem man die Gleise hinter sich gelassen hat, folgt man rechterhand einige Stufen hinauf dem Weg, der in den Doberaner Stadtwald führt. Holzschilder weisen den Weg in das Quellholz. Hier folgt man dem Weg geradeaus und überquert in einer Linkskurve einen kleinen Bach. Dem Weg weiter geradeaus folgend, überqueren wir noch zwei weitere Bäche. Am Waldrand angelangt, führt der Weg an **3** alten Hügelgräbern vorbei. Dabei folgt man dem Weg nach links, der einen leichten Bogen macht und geht an der nächsten Abzweigung nach rechts. Nun überquert man die Schwaaner Chaussee und folgt der Straße Am Quell für etwa 120 m. Wir nehmen dann den Weg nach rechts, der am Waldrand des Cepeliner Holzes entlangführt. Nachdem ein kleiner Bach überquert wurde, führt der Weg an der nächsten Abzweigung nach links. Diesem folgt man, bis man den Bahnhof Althof erreicht. Wir folgen dem Mühlenweg nach rechts (die Gleise werden nicht überquert)

Bäderbahn „Molli"

Die Kleinbahn „Molli" von Bad Doberan nach Kühlungsborn wurde 1886 in Betrieb genommen. Während die Bahnlinie anfangs nur bis Heiligendamm, und auch nur in den Sommermonaten fuhr, wurde die Strecke um 1910 bis Kühlungsborn erweitert und auf Ganzjahresbetrieb umgestellt. „Molli" ist heute nicht nur ein wichtiges Beförderungsmittel, sondern auch eine Touristenattraktion, denn wo auch immer die fauchende Dampflok auftaucht, versetzt sie nicht nur Eisenbahn-Nostalgiker in Freude und Erstaunen.

in den nächsten Ort hinein, bis wir auf den Scheunenweg stoßen, dem wir nach links, vorbei an Kleingärten, folgen. Nach einer Rechtskurve zeigt sich links ein Wanderweg, auf dem wir weitergehen. Ein großes, kaum zu übersehendes Holzschild weist uns hier auch den Weg.

Vorbei an der Klosterkapelle, Wiesen und Feldern gelangen wir nun in den Hütter Wohld, der seinen Namen einer ehemaligen Glashütte verdankt. An der zweiten Weggabelung führt der Weg nach links in den Wald hinein. An der nächsten Weggabelung geht es dann nach rechts, den Berg hinauf, in Richtung Ivendorf. Dem Weg folgen wir, bis wir auf den Kammweg und den Totenweg stoßen. Hier geht es für einige Meter nach rechts, bevor wir bei der nächsten Abzweigung dem Weg nach links folgen. Der Weg führt bergab zu einem kleinen Bach. Noch bevor dieser überquert wird, führt links ein Weg an dessen Ufer entlang.

Doberaner Münster

Das Doberaner Münster wurde 1171 gegründet und war bis zur Mitte des 16. Jahrhundert die Klosterkirche des Zisterzienser-Klosters Doberan. Die Kirche gehört zu den wichtigsten hochgotischen Backsteinbauten im Ostseeraum und galt bereits im Mittelalter als Zentrum des christlichen Glaubens.

Dem Wanderweg für etwa 500 m folgend, gelangen wir zu den Karpfenteichen. Diese wurden einst von den Mönchen zur Karpfenzucht angelegt und stehen heute unter Naturschutz. Wir folgen dem ausgeschilderten Naturlehrpfad. Nach etwa 800 m halten wir uns an der Wegkreuzung links und folgen für etwa 100 m dem ausgeschilderten Pilgerweg. Nach rechts dem Weg folgend, stoßen wir wieder auf den Totenweg und folgen diesem nach rechts. Nachdem wir den Wald verlassen haben geht es auf einer asphaltierten Straße weiter geradeaus. Dem Straßenverlauf folgend, gelangt man zu einem Bahnübergang. Hier überquert man die Gleise und folgt der Doberaner Straße, die in den Parkentiner Landweg übergeht. In Bad Doberan angekommen, geht's entlang des Parkentiner Weges zurück zum Ausgangspunkt.

Ein Teil der Wegstrecke ist auch als Pilgerweg ausgewiesen

Info

H	RE nach Bad Doberan
P	Bad Doberan, Parkplatz Am Buchenberg
🗺	Rad- und Wanderkarte Bad Doberan – Warnemünde (Verlag grünes herz, Ilmenau)
🍴	Klostergartencafè im Torhaus Klosterstraße 1a 18209 Bad Doberan Tel.: 0170-4327710 www.torhaus-doberan.de
⛔	JaNettes Gästehaus Clara-Zetkin-Straße 36 18209 Bad Doberan Tel.: 038203-427700 www.nettes-gaestehaus.de Hunde übernachten kostenfrei
i	Tourist-Information Bad Doberan Severinstraße 6 18209 Bad Doberan Tel.: 038203-62154 www.bad-doberan.de
✚	TA Uwe Kolodziej Severinstraße 3 18209 Bad Doberan Tel.: 038203-63372

**Kleine Tümpel und Bäche –
die Ruhe des Waldes genießen**

Hunde ins Hundehagener Holz

Hundefreundlichkeit: Die Tour führt durch das Hundehagener Holz, einem Waldgebiet nördlich von Kröpelin. Hier können Mensch und Hund wunderbar entspannen, da man nur selten auf andere Spaziergänger trifft. Da es im Wald genügend Schatten gibt, ist diese Tour auch für wärmere Tage geeignet.

Tour-Info	↔ 4,5 km	⏱ 1,5 Std.	↕ 89 / 61 m
Kategorie:	leicht		
Start-Ziel:	Hundehagen, Parkmöglichkeit am Ortseingang		
GPS:	54°05'16.9"N 11°48'13.1"E		
Markierung:	keine Markierungen		
Wegecharakteristik:	100 % Wanderweg		

Die Tour startet nördlich der Ortschaft Hundehagen. Das Auto kann man entweder auf der Straße oder vor der Schranke abstellen. Hier zeigt sich auch schon der Waldweg, dem wir etwa für 500 m folgen. An der **1** Weggabelung gehen wir geradeaus weiter und kommen vorbei an einigen

Hundehagen ist ein Ortsteil von Kröpelin und zählt nur wenige Einwohner

TOUR 24

Werbung

ERHOLUNG - ENTSPANNUNG - NEUORIENTIERUNG AM GLASHAGENER STEINKREIS

**Biohotel & Restaurant nahe der Ostsee
Keramikmanufaktur - Töpferkurse - Skulpturenpark
Seminare - Astrologie - Ernährung
Unser Team hilft Ihnen bei Gesundheits- und Lebenskrisen
18211 Retschow / OT GLASHAGEN
Tel. 038203-62253 - Web: www.jungbrunnen.biz**

In dem kleinen Waldstück gibt es viele Tümpel und Bäche zum Trinken und Erfrischen

Tümpeln und Wasserstellen. An der nächsten Abzweigung geht es weiter geradeaus, bis wir am östlichen **2** Waldrand angelangt sind. Hier halten wir uns links und folgen dem Wanderweg immer geradeaus, bis wir die **3** Weggabelung wieder erreichen. Dem Weg folgen wir nach rechts und gelangen zurück zum Ausgangspunkt der Tour.

Info

🚌	RE nach Kröpelin
🅿	Hundehagen, Parkmöglichkeit am Ortsausgang
🗺	Rad- und Wanderkarte Bad Doberan – Warnemünde (Verlag grünes herz, Ilmenau)
🍴	Ausflugsgaststätte Quellental Am Wege 5 18209 Hohenfelde Tel.: 038203-62879 www.quellental-mv.de
🛏	Jungbrunnen Ferienwohnungen im Naturschutzgebiet Quellental Vivian und Joachim Jung Ausbau 7-8 18211 Retschow OT Glashagen Tel.: 038203-62253 www.jungbrunnen.biz Hunde: 5 Euro/Nacht; maximal zwei Hunde erlaubt
ℹ	Tourist-Information Bad Doberan Severinstraße 6 18209 Bad Doberan Tel.: 038203-62154 www.bad-doberan.de
✚	Tierarztpraxis Kröpelin Markt 2 18236 Kröpelin Tel.: 0152-59778119 www.tierarztpraxis-leue.de

Tipp

Wer die Tour erweitern möchte, geht an der östlichen Weggabelung (Wegepunkt 2) nicht nach links, sondern geht weiter geradeaus. Der Weg führt direkt zur Bundesstraße 105 und zu den Bahngleisen Eine Unterführung führt hier hindurch und man gelangt, vorbei an weiten Feldern, in das Heidenholz, einem Waldgebiet, das insbesondere durch seine vielen Quellen, Bäche und kleine Seen besticht.

Von Rostock auf die Halbinsel Fischland-Darß-Zingst

Heide – Moorlandschaften – wunderbare Aussichtspunkte

Ins Hütelmoor und die Rostocker Heide

Hundefreundlichkeit: Eine der schönsten Touren in der Nähe Rostocks – im Sommer sind allerdings viele Radfahrer unterwegs, weshalb wir die Tour in der Nebensaison empfehlen.

Tour-Info	↔ 10 km	⏱ 3 Std.	↕ 14 / 1 m
Kategorie:	leicht		
Start-Ziel:	Markgrafenheide, Parkplatz des Hotels StrandResort		
GPS:	54°12'08.7"N 12°09'13.0"E		
Markierung:	grün, gelb		
Wegecharakteristik:	88 % – Wanderweg – 9 % Weg – 3 % Bergwanderweg		

Es geht los: Vom Parkplatz laufen wir Richtung Meer. An den Dünen angekommen, biegen wir rechts ab und gehen ca. 300 m weiter bis zu einem kleinen Abstieg, der zu einem Pfad rund um **1** das Hütelmoor führt. Wir biegen nochmal rechts ab und gehen bis zur nächsten Gabelung, dann links Richtung Graal-Müritz auf dem Wiesenweg, wenn es nicht geregnet hat und die Wege zu morastig werden. Der Wiesenweg wird auch als Rad- und Reitweg benutzt, also Vorsicht. Am Ende des Wiesenwegs geht es rechts in den Blocksbrückenweg. Weiter auf dem Weg kommt man zu einer Kreuzung, an der eine große Infotafel steht. Wir biegen hier links ab und

Blick auf das Meer

Wenn der Wasserstand zu hoch ist, wird's schwer weiter auf dem Weg am Moor entlang zu laufen

gehen geradeaus. Am Ende dieses Weges laufen wir links Richtung Rosenort. Am **2** Denkmal für Oberforstmeister Charles Bencard vorbei. Dann entweder am Strand zurück oder den Weg oberhalb nehmen, vorbei am **3** Heiliger See zurück zum Ausgangspunkt der Tour.

Das Hütelmoor

Das Hütelmoor besteht als Naturschutzgebiet seit den späten 1950er-Jahren. Hier wachsen geschützte Kräute und Gräser wie die Kamm-Segge und der Sumpf-Haarstrang. Viele Vögel leben hier und brüten – entsprechend Rücksicht nehmen. In dem Gebiet leben auch Kreuzottern, sehr scheue, aber giftige Schlangen, deren Gift allerdings nur kleinere Tiere wie Frösche tötet, bei größeren Tieren oder Menschen wie ein Insektenstich wirkt.

Info

H	kein ÖPNV
P	Parkplatz des Hotels StrandResort
🗺	Kompass Wanderkarte Ostseeküste (Nr. 739, Karte 1)
🛏	StrandResort Warnemünde-Markgrafenheide Budentannenweg 10 18146 Markgrafenheide Tel.: 0381-778910 www.strandresort-ostsee.de Hund: 10 Euro/Nacht
i	Tourist-Information Warnemünde Am Strom 59/Ecke Kirchenstraße 18119 Rostock-Warnemünde Tel.: 0381-3812222 www.rostock.de/urlaub-freizeit/tourist-info.html
✚	TA Dr. med. vet. Heinrich Engelmann Güstrower Straße 6A 18109 Rostock Tel.: 0381-7697335

TOUR 26

Meer – Bodden – Kunst

Fischland erkunden

Hundefreundlichkeit: Fischland ist nicht Hundeland – Radfahrer, Reiter, viele Wanderer sind hier in der Hauptsaison unterwegs. Wir waren im März vor Ort – und ganz alleine. Die Tourenstrecke kreuzt 2 Mal eine Straße, ansonsten sehr stressfrei.

Tour-Info	↔ 14 km	🕓 3 Std.	↕ 10 / -2 m
Kategorie:	leicht		
Start-Ziel:	Ahrenshoop, Strandübergang Nr. 8		
GPS:	54°23'02.2"N 12°25'29.6"E		
Markierung:	verschiedene Markierungen		
Wegecharakteristik:	47 % – Wanderweg 36 % Weg – 17 % Nebenstraße		

Auf geht's: Wir laufen Richtung **1** Kunstmuseum Ahrenshoop, überqueren die Hauptstraße und laufen den Weg zum Hohen Ufer Richtung Strand. Am Ende des Wegs können wir die Holztreppen zum Strand kurz runtergehen – grundsätzlich soll es aber am Hochufer entlang gehen, wir laufen Richtung Wustrow und ! achten auf die Fahrräder. Für mehrere Kilometer bleiben wir am Hochufer. Nach ca. 2 km liegt rechte Hand **2** ein alter NVA-Bunker.

In Wustrow angekommen erkunden wir **3** die Seebrücke eh es über die Strandstraße Richtung Ernst-Thälmann-Straße geht, letztere überqueren wir. Im Stadtgebiet von Wustrow ist überall mit Straßenverkehr zu rechnen. An der Apotheke biegen wir in die Eck-Permin-Straße ein, dann rechts in die Neue Straße, schließlich Fritz-Reuter-Straße. Es wird langsam wieder ruhiger. Wir laufen immer geradeaus bis wir zum Saaler Bodden kommen. An der T-Kreuzung können wir rechts ab an die südlichste Spitze, den Hohen Ort. Danach wieder zurück. Grundsätzlich orientieren wir uns Richtung Ahrenshoop, vorbei an einigen sehr schönen Ausblickpunkten, einem Gestüt – bis wir den Ortsrand von Ahrenshoop wieder erreichen. Erst laufen wir die Bauernreihe ab, biegen rechts in die Niehäger Straße, dann

in den Boddenweg, an dessen Ende ein Weg vorbei an Althagen und dem ❹ Yachthafen Ahrenshoop (hier gibt es Fisch und Getränke) ins Ahrenshooper Holz führt. In einem Bogen stoßen wir auf den Bernhard-Seitz-Weg. Den rechts ab, dann sind wir wieder am Ausgangspunkt.

Die Künstlerkolonie Ahrenshoop

Anfang der 1880er-Jahre entdeckten die mecklenburgischen Maler Carl Malchin und Anna Gerresheim das pommersche Fischerdorf Ahrenshoop. Spröde und einfach ging es in dem Dorf zu, man war weitab von dem lauten modernen Leben in der Stadt. In der Folge kamen Dutzende weiterer Künstler: Elisabeth von Eicken, Friedrich Wachenhusen, Friedrich Grebe, Hugo Richter-Lefensdorf und andere. Als eigentlicher Gründer der Künstlerkolonie gilt Paul Müller-Kaempff, der 1895 mit Friedrich Wachenhusen die Malschule St. Lukas eröffnete. 1909 wurde nach Plänen Müller-Kaempffs und Theobald Schorns der Kunstkaten Ahrenshoop als Galerie für die Maler der Kolonie errichtet. Bis heute lebt der Ort von seinem Ruf als Künstlerdorf und vermarktete das kräftig.

Einsamkeit am Bodden entlang

Info

🚏	Bushaltestelle Ahrenshoop Deich, Linie 210
🅿	Parkplatz am Strandübergang Nr. 8
🗺	Kompass Wanderkarte Ostseeküste (Nr. 739, Karte 2)
🛏	The Grand Ahrenshoop Schifferberg 24 18347 Ostseebad Ahrenshoop Tel.: 038220-6780 www.the-grand.de Hund: 16 Euro/Nacht
ℹ	Tourismusverband Fischland-Darß-Zingst e.V. Barther Straße 16 18314 Löbnitz Tel.: 038324-6400 www.fischland-darss-zingst.de
✚	TA K.J. Dudynska-Lechowicz Grüne Hufe 4 Born am Darß Tel.: 038234-559922

Mal kein Meer und Strand: Alte, historische Wanderwege – Urwald – Moore und Fließe

Zum Darßer „Urwald"

Hundefreundlichkeit: Mit dieser Tour geht's tief in die Wälder des Darß – Hunde bekommen dann mal wieder was anderes zu riechen als nur Seeluft. Stressmomente bieten in der Hauptsaison Fahrradfahrer und andere Wanderer. Zudem verlaufen teils parallel zu den Wegen auch Pferdetrails. Ansonsten: Eine großartige Abwechslung, wenn man Pause vom Strand braucht.

Tour-Info	↔ 13,5 km	🕐 4 Std.	↕ 20 / 8 m
Kategorie:	mittelschwer		
Start-Ziel:	Born am Darß, Parkplatz		
GPS:	54°23'28.7"N 12°31'56.9"E		
Markierung:	verschiedene Markierungen		
Wegecharakteristik:	91 % Wanderweg – 8 % Weg – 1 % Straße		

Das Nationalparkamt dient als Startpunkt unserer Tour. Wir orientieren uns am ausgeschilderten Bibersteig, den wir nach Norden hochlaufen (in manchen Karten wird der obere Teil des Bibersteigs als Linder Weg ausgezeichnet). Es gibt hier – und auch im großen Teil der Tour – zwei Wege

Der Große Stern: zentraler Anlaufpunkt

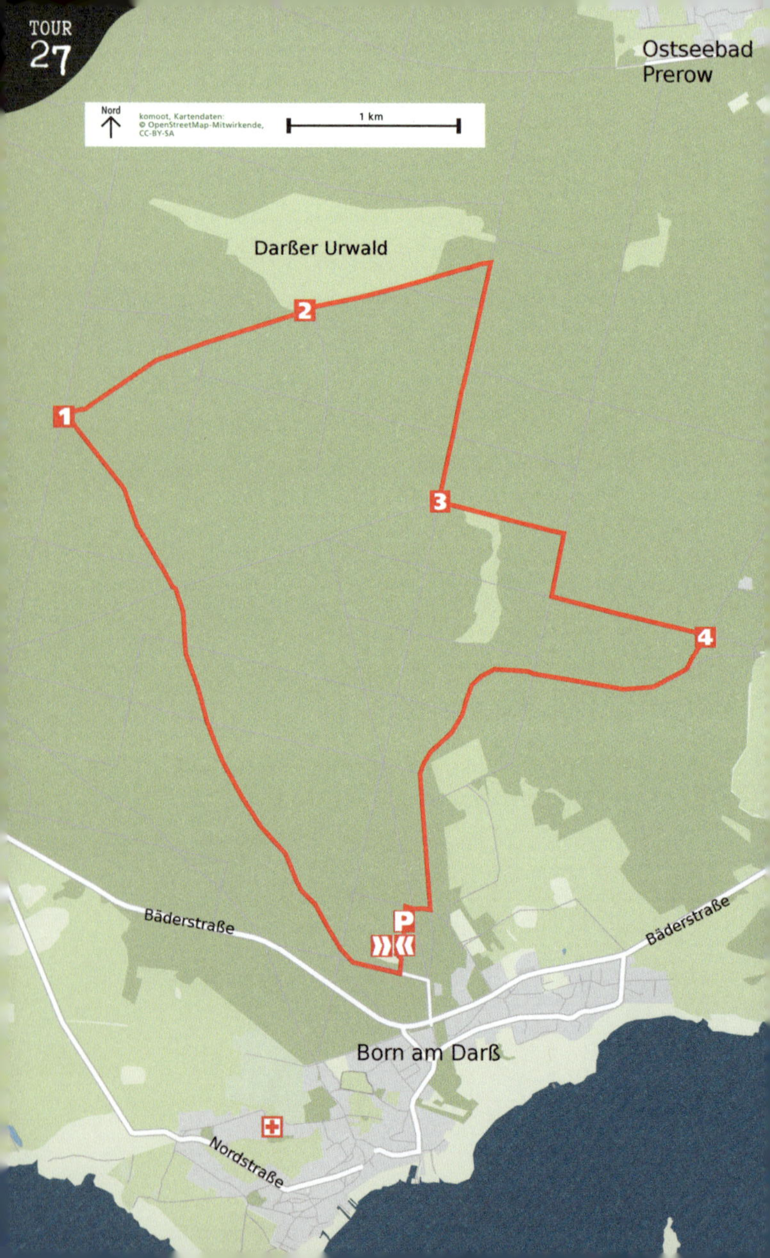

TOUR 27

Ostseebad Prerow

Darßer Urwald

Bäderstraße

Born am Darß

Nordstraße

(der eine für Pferde, der andere für Wanderer und Fahrräder), die parallel und manchmal sehr nah zueinander verlaufen.

Die erste große Station ist der **1** Große Stern. Dort angekommen nehmen wir den Mecklenburger Weg, der der Linie des ehemaligen Meeresufers folgt und am **2** Darßer Urwald vorbeiführt. Den Mecklenburger Weg laufen wir bis zum Ende, dort stößt er auf das g-Gestell. Danach geht's weiter bis zu **3** Peters Kreuz, wo wir links abbiegen. An der folgenden Kreuzung rechts, dann wieder links bis wir zum alten **4** Wieker Postweg gelangen, der uns in geschlängelter Linie bis zum Nationalparkamt führt.

Kiefernwälder entlang des Wieker Postweges

Info

🅗	Bushaltestelle Born Mitte, Linie 210
🅟	Parken am Nationalparkamt
🗺	Kompass Wanderkarte Ostseeküste (Nr. 739, Karte 2)
⛔	The Grand Ahrenshoop Schifferberg 24 18347 Ostseebad Ahrenshoop Tel.: 038220-6780 www.the-grand.de Hund: 16 Euro/Nacht
ℹ	Tourismusverband Fischland-Darß-Zingst e.V. Barther Straße 16 18314 Löbnitz Tel.: 038324-6400 www.fischland-darss-zingst.de
✚	TA K.J. Dudynska-Lechowicz Grüne Hufe 4 Born am Darß Tel.: 038234-559922

TOUR 28

Die Tour mit Ausblicken und Leuchttürmen –
Wald und Strand

Die Leuchtturm-Tour

Hundefreundlichkeit: Bei kaum einer Tour können sich Hunde in so vielen Elementen austoben wie hier: es gibt Seen, die Ostsee, Strände, Moore, tiefe Wälder. Aus hündischer Sicht: Ein Fest für die Sinne. Störend sind da nur Pferdekutschen und Radfahrer im Sommer, die teils in Scharen zu dem Leuchtturm radeln – der ist nämlich ein beliebtes Ausflugsziel. Für den Ausgangsort Prerow gilt offiziell: Vom 1.10. bis 30.4. kann der gesamte Strand zum Aufenthalt mit Ihrem Vierbeiner genutzt werden. Vom 1.5 bis 30.9. ist der Aufenthalt mit Hund nur an besonders gekennzeichneten Strandabschnitten gestattet. Es besteht jedoch offiziell jederzeit – auch am Strand – Leinenpflicht.

Tour-Info	↔ 16 km	⏲ 4 Std.	↕ 14 / 1 m
Kategorie:	schwer		
Start-Ziel:	Parkplatz am Ende des Bernsteinweges, in Prerow		
GPS:	54°27'08.0"N 12°33'13.6"E		
Markierung:	verschiedene Markierungen		
Wegecharakteristik:	98 % Wanderweg – 2 % Straße		

Als Startpunkt für die Tour benutzen wir den Parkplatz am Ende des Bernsteinweges. Von dort laufen wir ca. 200 m zurück bis rechts ein Wanderweg abbiegt: der sog. Leuchtturmweg, der direkt zum Leuchtturm Darßer Ort führt. Wir machen noch einen kleinen Bogen: Nach 2 km laufen wir rechts aufs k-Gestell, das zur Zeltplatzstraße führt. Hier sofort links, damit wir schnell vom Zeltplatz wegkommen. Es geht vorbei am **1** Nothafen Darßer Ort (rechte Hand). Wir umrunden den Ottosee, den Otto sehr mochte, auch wenn es ein wenig dauerte ihm beizubringen, dass er nicht nach ihm benannt worden ist. Am Ende des Ottosees ist eine **2** Aussichtsplattform. Weiter nördlich auf dem Darßer Riff kommt man nicht. Wir folgen dem Weg vorbei am Libbertsee bis wir – ein längeres Stück Strandweg gehend – am **3** Leuchtturm Darßer Ort und am Natureum ankommen.

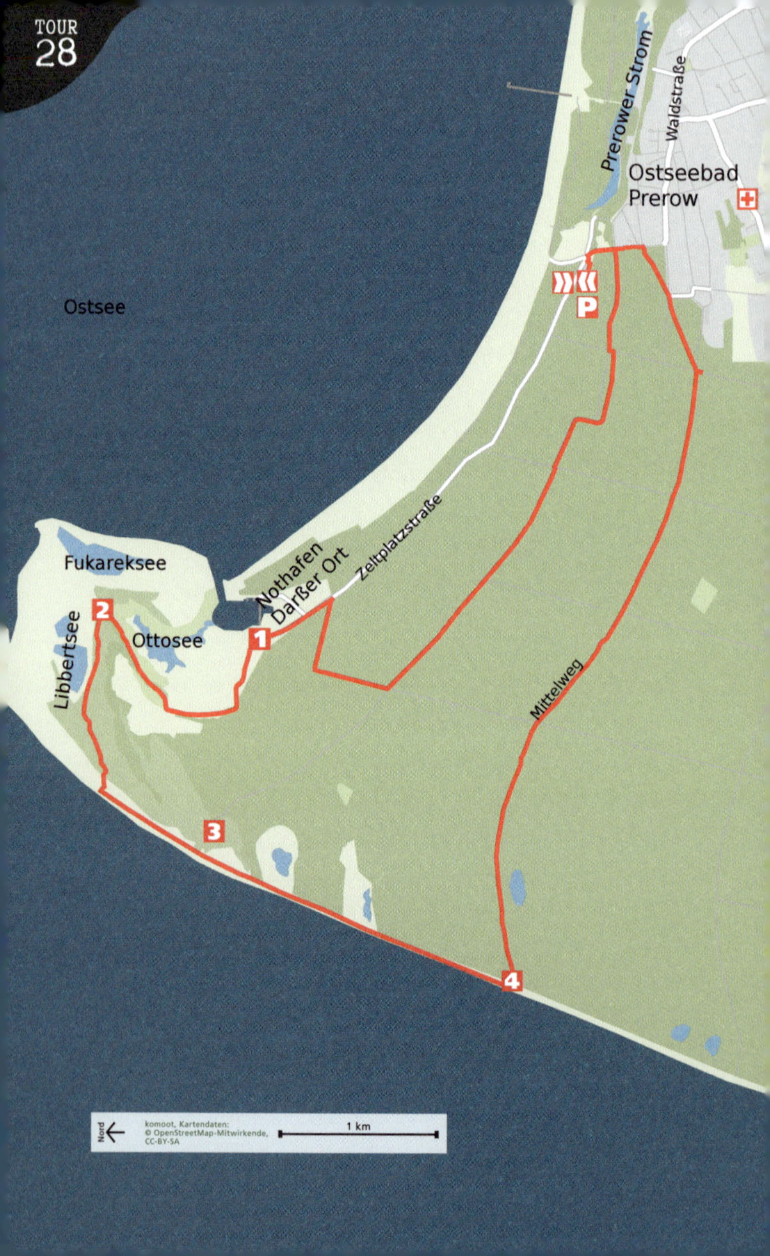

TOUR 28

Ostsee

Fukareksee

Libbertsee

Ottosee

Nothafen Darßer Ort

Zeltplatzstraße

Prerower Strom

Waldstraße

Ostseebad Prerow

Mittelweg

Was sucht der kleine Azubi?

Wir gehen weiter am Strand entlang. Der Weg ist hier auch als Rundwanderweg gekennzeichnet. Nach dem 4 Norder Bramhakersee geht links der Mittelweg ab, den wir nun immer geradeaus laufen bis zum g-Gestell. Dort links bis zur nächsten Kreuzung, wieder auf dem Leuchtturmweg zurück bis zum Ausgangsort.

Info

🚌	Mit der Darssbahn bis Prerow oder bis zur Endhaltestelle Nothafen (wodurch sich die Tour deutlich verkürzt)
🅿	Parkplatz am Ende des Bernsteinweges, Prerow
🥾	Kompass Wanderkarte Ostseeküste (Nr. 739, Karte 2)
🍽	Hotel & Restaurant Stone Inselweg 1-2 18374 Ostseeheilbad Zingst Tel.: 038232-16777 www.hotel-stone.de
ℹ	Tourismusverband Fischland-Darß-Zingst e.V. Barther Straße 16 18314 Löbnitz Tel.: 038324-6400 www.fischland-darss-zingst.de
✚	TÄ Sibylle Bast - Dirk Braun Grüne Straße 25 E 18375 Ostseebad Prerow Tel.: 038233-709950

Leuchtturm und Natureum

1848 aus roten Ziegeln gebaut ist der Darßer Leuchtturm einer der ältesten an der Ostseeküste. Der Leuchtturm ist besteigbar (ohne Hunde). Außerdem wartet ein Naturkundliches Austellungszentrum des Deutschen Meeresmuseums über Flora und Fauna – tatsächlich gibt es hier eine außergewöhnliche Vielfalt an Arten. Lohnenswert. Hunde sind auf dem Gelände (angeleint) erlaubt.

Natureum Darßer Ort
Darßer Ort 1-3
18375 Born am Darß
Tel.: 038233-304
www.meeresmuseum.de

TOUR 29

am Deich entlang – Wald – alter Dorfkern

Osterhasen in den Osterwald

Hundefreundlichkeit: In der Nebensaison ist es hier ruhig, fast einsam: Ein Traum für Vierbeiner. Stressmomente: Wie überall kreuzen Radfahrer den Weg, Pferdekutschen fahren und wir passieren an mehreren Stellen Straßen. Dennoch: Es lohnt sich!

Tour-Info	↔ 11,5 km	⏲ 3 Std.	↕ 10 / 1 m
Kategorie:	leicht		
Start-Ziel:	Zingst, am Strandübergang Nr. 2a, in Zingst (gegenüber vom Hundestrand)		
GPS:	54°26'27.6"N 12°44'08.5"E		
Markierung:	verschiedene Markierungen		
Wegecharakteristik:	61 % Weg – 34 % Wanderweg – 3 % Straße		

Wir starten gegenüber vom Hundestrand (Strandübergang 2a). Entweder laufen wir auf dem Deichweg (und haben mehr Ausblick) oder wer will: Auch der Strandweg hat natürlich seine Reize. Auf jeden Fall wandern wir gen Osten. Nächster größerer Orientierungspunkt ist das

Auslauf am Strand

TOUR 29

1 Drei-Länder-Eck. Nach 2,5 km biegen wir nach dorthin rechts ab. Wenn man die Tour auf rund 7 km abkürzen möchte, läuft man über den Grenzgraben und die Kavaliersschneise zurück zum Ausgangspunkt. Wir lassen das Drei-Länder-Eck jedoch rechts liegen und gehen bis zu den **2** Sundischen Wiesen weiter. Im Cafégarten des Schlösschens Sundische Wiese machen wir Pause.

Danach laufen wir auf der Landstraße Richtung Zingst rund 500 m, biegen schnellstmöglich rechts **3** in den Osterwald ab und wandern dann immer geradeaus bis kurz vor Müggenburg, wo wir erneut nach rechts auf die **4** Müggenburger Schneise abbiegen und am Ende zur Deichkrone zurückkehren. Dort dann nach links zum Parkplatz.

Unterwegs gibt es ausreichend Platz zum Schnüffeln und Toben

Info

🚍	Bus 210 bis Zingst-Zentrum
🅿	Parkplatz am Strandübergang Nr. 2a, in Zingst
🗺	Kompass Wanderkarte Ostseeküste (Nr. 739, Karte 2)
🍴	Schlösschen Sundische Wiese Landstraße 19 18374 Seeheilbad Zingst Tel.: 038232-8180 www.hotelschloesschen.de
🛏	Hotel & Restaurant Stone Inselweg 1-2 18374 Ostseeheilbad Zingst Tel.: 038232-16777 www.hotel-stone.de
ℹ	Tourismusverband Fischland-Darß-Zingst e.V. Barther Straße 16 18314 Löbnitz Tel.: 038324-6400 www.fischland-darss-zingst.de
✚	TA Dr. Jörn Wendel Darßer Weg 5 18374 Zingst Tel.: 038232-15257

Rügen

TOUR
30

Drei alte Leuchttürme und Bunkeranlagen – Reste einer Slawenburg – Hochuferweg mit Weitblick

Leuchtturmtour am Kap Arkona

Hundefreundlichkeit: Irgendwie ist es hier ganz im Norden der Insel noch etwas rauer und windiger als sonst. Die Schlappohren schlackern da im Wind, die Blicke gehen weit. Von Putgarten aus läuft man eine Straße bis Kap Arkona. Bis dahin ist man im Tross der Touristen, denen man hinterherdackelt. Aber die Ausblicke vom Kap Arkona lohnen sich und kaum hinter den Leuchttürmen fängt der Hochuferweg entlang der Steilküste an, und spätestens ab Gellort wird es dann ruhiger und man genießt die Küstenbrise. Stressmomente: Touristen, Steilküste, rel. viele Rehe auf den weiten Feldern an den Wegen.

Tour-Info	↔ 7,5 km	⏱ 2 Std.	↑↓ 38 / 19 m
Kategorie:	leicht		
Start-Ziel:	Parkplatz in Putgarten		
GPS:	54°40'15.0"N 13°24'32.2"E		
Markierung:	verschiedene Markierungen		
Wegecharakteristik:	42 % Weg – 29 % Straße – 14 % Nebenstraße – 13 % Wanderweg		

Für Rügenurlauber ist Kap Arkona ein Muss. Und bei 800.000 Besuchern im Jahr ist es tatsächlich einer der meistbesuchten Orte – im Sommer also eher ein No-Go mit Hund, in der Nebensaison aber gut zu gehen. Das Auto parkt man in Putgarten, weitere Parkplätze danach kommen nicht mehr. Wir laufen durch **1** Putgarten, einem sehr schönen Straßendorf, und sehen schon bald die drei charakteristischen Türme Kap Arkonas, auf die wir zulaufen. Der rechte Turm, der **2** Peilturm, beherbergt heute Ausstellungen und eine Aussichtsplattform. Nicht weit weg davon befindet sich die **3** Jaromarsburg, eine alte Kultstätte der Ureinwohner Rügens aus dem 6.-12. Jahrhundert, die dem Kriegsgott Svantovit gewidmet war. Wir ziehen in Frieden weiter **4** zu den anderen beiden Leuchttürmen, der eine immer noch

TOUR 30

Der Hochuferweg von Arkona Richtung Varnkevitz

in Gebrauch, der kleinere beherbergt ein Museum. Drumherum gibt es ein wenig Gastronomie. Spannend sind die 5 Bunkeranlagen, die erste von 1915. Zuletzt baute die Volksmarine der DDR Bunker am Kap Arkona, die heute als Museum zu besichtigen sind.

Nach dem Kap Arkona wird es für die Hunde dann endlich auch spannend: Am Hochufer führt ein schöner kleiner Weg entlang. Bis Gellort, dem nördlichsten Punkt Rügens, ist es noch ein wenig belebter. Danach ist man fast alleine unterwegs und kann die weiten Blicke auf die Ostsee voll genießen. Es gibt vom Hochuferweg zwei Abstiege runter an den Strand. Nach ca. 2 km biegen wir links ab Richtung 6 Varnkevitz, einer Ansammlung weniger Häuser. ! Hier beginnt wieder asphaltierter Weg, den wir bis zur Kreuzung folgen, dann erneut links bis zum Parkplatz in Putgarten.

Info

H	Bus 11, Richtung Putgarten
P	Ortseingang Putgarten (großer Sammelparkplatz)
📖	Kompass Wanderkarte Rügen, Nr. 737
🍴	Hotel & Restaurant Zum Kap Arkona Dorfstraße 22a 18556 Putgarten Tel.: 038391-4330 www.zum-kap-arkona.de Hund: 5 Euro/Nacht, Hunde dürfen nicht ins Restaurant
i	Tourismuszentrale Rügen Ringstraße 113-115 18528 Bergen auf Rügen Tel.: 03838-80770 www.ruegen.de
✚	TA Ralf-Dieter Andreas Zur Donitz 4 18556 Altenkirchen Tel.: 038391-240

TOUR 31

Ruhige, fast unbebaute Region – wunderbarer Blick auf den Breetzer und Lebbiner Bodden – abwechslungsreiche Natur

Die Schaabe, gar nicht schäbig

Hundefreundlichkeit: Nase in die Luft, Ohren angelegt und los: Diese Tour war eine der schönsten auf Rügen. Ein wenig vergessen und vom Tourismus nicht so heimgesucht, ist der Norden der Insel generell ruhiger – das prägt auch diese Tour. Auf der Boddenseite ist kaum was los, die Blicke schweifen weit. Man wandert auf einem kleinen Pfad, der sich über Kilometer an der Boddenküste entlangschlängelt. Stressmomente: eine Pferdekoppel und das Lange Moor. Auf dem Rückweg Überquerung der vielbefahrenen Landstraße.

Tour-Info	↔ 12 km	⏲ 3 Std.	↕ 9 / 2 m
Kategorie:	leicht		
Start-Ziel:	Parkplatz kurz vor dem Freizeitcamp „Am Wasser"/ Ortseingang nach Breege/Juliusruh		
GPS:	54°36'06.2"N 13°23'09.8"E		
Markierung:	verschiedene Markierungen		
Wegecharakteristik:	49 % Wanderwege/Pfade – 49 % Strand – 2 % Straße		

Die Schaabe ist eine 12 km lange Nehrung zwischen Glowe und Breege. Wir starten auf dem Parkplatz kurz vor Breege und laufen dann den dem Parkplatz gegenüberliegenden Stichweg direkt zur Boddenküste. Dort treffen wir auf einen schmalen Pfad, der sich entlang der Küste schlängelt. Kurz vor dem **1** Kegelinberg halten wir uns rechts und laufen weiter entlang an der Küste.

Nach dem Kegelinberg (nicht wirklich ein Berg, nur 10 m Erhöhung) folgt ein kleines Fließ, dahinter Richtung Wald liegt links das Forsthaus Gelm mit ❗ einer Pferdekoppel. Wir bleiben auf unserem Pfad, lassen das Lange Moor links liegen, passieren die Schaabebucht, dann die Hüttebucht. Kurz vor Klein Gelm biegen wir links in den Wald ab, laufen den Stichweg geradeaus ❗ auf

Otto fand's auf der Schaabe ziemlich gut – im Frühjahr war hier kein Mensch unterwegs

die Landstraße zu, überqueren diese und gelangen 2 zur Ostseeseite der Schaabe. Dort laufen wir am Strand zurück Richtung Norden bis zum Parkplatz

Tipp

In Breege gibt es noch typische Kapitänshäuser aus dem 18. und 19. Jahrhundert. Sie verweisen darauf, dass Breege einst ein Ort der Seefahrer war und zeitweise als das reichste Dorf Rügens galt, wo man sich offenbar v.a. den weltlichen Gelüsten hingab. In der Gemeinde Breege-Juliusruh gibt es kein Gotteshaus, im Gegensatz zu vielen anderen Siedlungen der gleichen Größe. In Breege, so heißt es, stand das diesseitige Vergnügen vor kirchlichen Dogmen.

Info

🚌	Bus 13, Richtung Breege
🅿	An der Landstraße kurz vor Breege
🗺	Kompass Wanderkarte Rügen, Nr. 737
🍴	Steghaus Boddenweg 1-2 18556 Breege Tel.: 038391-43212 www.steghaus-restaurant-catering.de
🛏	Hotel Atrium am Meer Am Waldwinkel 2-3 18556 Breege-Juliusruh Tel.: 038391-4030 www.atrium-am-meer.de Hund: 8 Euro/Nacht, Hunde dürfen nicht ins Restaurant
ℹ	Tourismuszentrale Rügen Ringstraße 113-115 18528 Bergen auf Rügen Tel.: 03838 80770 www.ruegen.de
✚	TA Peter Greschniok Max-Reimann-Straße 2A 18556 Altenkirchen Tel.: 038391-398

TOUR 32

**Die 2. Tour auf der Schaabe –
Felder – weite Blicke – Moor**

Am Jasmunder Bodden

Hundefreundlichkeit: **Die Schaabe gehört mit zu unseren Geheimtipps: Für Hunde sehr stressfrei, wenige Wanderer sind nur unterwegs. Vorsicht ist höchstens bei den etwas morastigen Böden geboten: Es wird schon mal matschig. Teile des Wegs verlaufen auf dem Deich: Hier sollten Hunde natürlich nicht buddeln. Der Weg führt entlang von Koppeln – hier ist Vorsicht geboten bei Vierbeinern, die keine Pferde mögen.**

Tour-Info	↔ 9 km	⏲ 2 Std.	↕ 10 / -3 m
Kategorie:	leicht		
Start-Ziel:	Alt Glowe		
GPS:	GPS: 54°33'52.2"N 13°28'34.8"E		
Markierung:	verschiedene Markierungen		
Wegecharakteristik:	42 % Wanderweg – 32 % Weg – 26 % Nebenstraße		

Wer viel Kondition hat, kann die Schaabe-Tour 1 und 2 gleich kombinieren und hat so eine über 20 km lange Tour.

Wir teilen die Schaabe jedoch in 2 Touren auf. Diese 2. Tour startet in Glowe. Vom Zentrum gehen wir die Straße Alt Glowe Richtung Jasmunder Bodden. Entlang der Straße bieten sich einige Parkmöglichkeiten, man kann aber auch im Zentrum von Glowe parken – hat dann ein größeres Stück entlang befahrener Straßen vor sich.

Am Ende von **1** Alt Glowe laufen wir rechts geradewegs auf den Bodden zu. Linke Hand streifen wir die Spitze des Mittelsees. Am Bodden angekommen geht's rechts weiter, direkt entlang am Bodden und weiten Feldern.

Dieser Blick ist deshalb toll, weil man hier eben nicht die typischen Strand- und Steilhang-Ausblicke hat.

Nach ca. 1 km führt ein Weg rechts zurück nach Glowe. Wir gehen weiter geradeaus auf dem Deich. Das Gelände wird nun Naturschutzgebiet. Gerade im Frühjahr ist ❗ auf brütende Vögel zu achten. Nach ca. 2 km gehen Wege nach rechts ab.

TOUR 32

Blick auf den Bodden

Spätestens den **2** 2. Weg können Sie nutzen – oder aber Sie laufen weiter geradeaus Richtung Kegelinberg und verlängern die Tour. Ansonsten laufen Sie durch Klein Gelm zurück nach Glowe und Ihrem Ausgangspunkt.

In Glowe gibt es einen kleinen Hafen und Gastronomie wo man fast überall mit Hund willkommen ist.

Info

🚌	Bus 13, Richtung Glowe
🅿	In Glowe, div. Möglichkeiten an der Hauptstarße oder Straßenrand in Alt Glowe
🗺	Kompass Wanderkarte Rügen, Nr. 737
🍴	Zur Schaabe Gasthaus & Pension Hauptstraße 15 18551 Glowe Te.: 038302-7100 www.schaabe.de Hund: 6 Euro/Nacht
ℹ	Tourismuszentrale Rügen Ringstraße 113-115 18528 Bergen auf Rügen Tel.: 03838-80770 www.ruegen.de
✚	TA Jürgen Zeitzmann Am Köhlerberg 20 18546 Sassnitz Tel.: 038392-32366

TOUR 33

Durch den Nationalpark Jasmund – alte Buchenwälder – tiefe Schluchten und Steilhänge – der atemberaubend schöne Königsstuhl

Der ruhige Weg zum Königsstuhl

Hundefreundlichkeit: Der Nationalpark Jasmund, der zum UNESCO-Weltnaturerbe gehört, ist ein beliebtes Ausflugsziel. Gerade der südliche Teil Richtung Sassnitz und rund um den Königsstuhl ist in der Hochsaison mit Hund kaum zu genießen. Die Natur ist hier aber so überwältigend schön, dass wir ohne Touren durch den Nationalpark nicht auskommen. Diese Tour ist die entspannteste: Der Abschnitt zwischen Lohme bis Königsstuhl wird deutlich weniger bewandert. In der Nebensaison ist man alleine unterwegs. Stressmomente: Touristen rund um das Nationalparkzentrum Königsstuhl.

Tour-Info	↔ 11,5 km	⏱ 4 Std.	↕ 144 / 49 m
Kategorie:	schwer (bei Abstieg Königsstuhl)		
Start-Ziel:	Parkplatz in Lohme		
GPS:	54°34'59.2"N 13°36'46.4"E		
Markierung:	teilweise Wegweiser, blau/weiß		
Wegecharakteristik:	68 % Wanderweg - 10 % Nebenstraße - 10 % Weg - 7 % Straße		

Der Nationalpark Jasmund besticht durch seine uralten Buchenwälder und die berühmten Kreidefelsen, von denen der 118 m hohe Königsstuhl, der Ziel unserer Tour ist, der bekannteste ist. Wir starten in Lohme und nehmen den ausgeschilderten Hochuferweg. Der untere Weg ist nach einigen Kilometern immer schlechter zu gehen, deshalb empfehlen wir wirklich den oberen Hochuferweg, den wir immer nur geradeaus gehen. Es gibt keine weiteren Optionen, so dass man sich voll und ganz auf die Ausblicke in Schluchten und durch die Buchenwälder auf die Ostsee konzentrieren kann. Der Pfad ist relativ schmal am Anfang und wird später zu einem breiteren Wanderweg. Am **1** Königsstuhl angekommen wartet das Besucherzentrum.

Wir haben uns die Ausstellung gespart und sind die knapp 500 Stufen runtergelaufen, um vom Ufer den

Königsstuhl zu bewundern. Nach ein paar tiefen Atemzügen und Kurzmeditation mit Blick auf die Felsen geht's wieder die Stufen hoch. Man kommt schon außer Atem und sollte dafür einigermaßen gut in Form sein, was auch für die Vierbeiner gilt.

Nach kurzer Pause starten wir Richtung 2 Hertha-See, einem für die Ureinwohner Rügens mystischer Ort, oberhalb dessen sich ein slawischer Ringwall befand. Nach dem See wird es wieder deutlich leerer. Wir wandern zum 3 Pfenniggrab, einem beeindruckendem Hünengrab. Von dort geradeaus bis zum 4 Murmelsee (blau-weiße Wegmarkierung). Wenn sich der Weg spaltet, rechts ab, dann links zum 5 Grabhügel Magelowberg. Anschließend auf die Straße zurück Richtung Lohme.

Info

🚌	Bus 14, Richtung Lohme
🅿	Zentraler Parkplatz in Lohme
🗺	Kompass Wanderkarte Rügen, Nr. 737
🛏	Panorama Hotel Lohme An der Steilküste 8 18551 Lohme Tel.: 038302-9110 www.panorama-hotel-lohme.de Hund: 9 Euro/Nacht
ℹ	Tourismuszentrale Rügen Ringstraße 113-115 18528 Bergen auf Rügen Tel.: 03838-80770 www.ruegen.de
✚	TA Jürgen Zeitzmann Am Köhlerberg 20 18546 Sassnitz Tel.: 038392-32366

Besucherzentrum

Der Eintritt zum Besucherzentrum, das über Flora und Fauna sowie die Geogeschichte informiert, kostet knapp 10 Euro. Hunde dürfen auf das Gelände, es gibt sogar eine Hundebar und Möglichkeiten, die Hunde anzubinden. In die Ausstellung dürfen Vierbeiner nicht.

Nationalpark-Zentrum Königsstuhl
Tel.: 038392-661766
www.koenigsstuhl.com

Am Herthasee, im Hintergrund eine alte slawische Burgwallanlage

Direkt am Jasmunder Bodden entlang – ein Schloss, Fischräucherei, Waldpark und Steilküste – Streckentour

Von Spyker nach Lietzow

Hundefreundlichkeit: Im Sommer auf keinen Fall zu empfehlen, in der Nebensaison jedoch gut zu laufen mit sehr unterschiedlicher Natur: Bodden, Felder, Wald, Moor. Ein Großteil der Strecke von Spyker an ist als asphaltierter Fahrradweg ausgebaut – bei gutem Wetter kommen eine Menge Radler des Wegs. Vierbeiner, für die die Tour zu lang wird, haben (zusammen mit Frauchen und Herrchen) ausreichend Gelegenheiten zu Pausen: Es gibt eine Menge zu sehen, von Schloss Spyker angefangen bis hin zu einem Hafen und vielen netten Gaststätten. Diese Tour ist als Streckentour angelegt, zurück geht's mit dem Bus.

Tour-Info	↔ 11,5 km	⏱ 3 Std.	↕ 51 / -1 m
Kategorie:	mittelschwer		
Start-Ziel:	Schloss Spyker – Lietzow (zurück mit dem Bus)		
GPS:	54°33'25.6"N 13°30'48.1"E		
Markierung:	verschiedene Markierungen		
Wegecharakteristik:	65 % Wanderweg – 18 % Weg – 11 % Nebenstraße		

Die Tour startet am Schloss Spyker, wo sich auch ein Parkplatz befindet. Es geht zunächst entlang des Spykerschen Sees. Dieser Weg führt auf eine Kreuzung, an der wir links Richtung Lietzow gehen. Dieser Weg führt über die komplette Strecke immer am Boddenufer entlang. In **1** Polchow, nach ca. 1 km, könnte man schon einen ersten Stopp machen: eine Fischräucherei wartet im Fischerdörfchen Polchow.

Zurück auf der Piste wandern wir nun einige Kilometer, lassen den **2** Martinshafen und eine Kriegsgräberstätte rechts liegen, überqueren Marlower Bach und Sagarder Bach, eh wir in den Borchtitzer Wald eintauchen. Ca. 1 km später geht dieses Stück über in den **3** Semper Waldpark, einem Landschaftspark mit alter Schlossruine und einer dendrologischen Rarität: Im so genannten Hexenwald findet sich

Blick zum Jasmunder Bodden

Schloss Spyker

Das Schloss ist der älteste Profanbau Rügens, erstmals erwähnt 1318. Untypisch ist der rote Anstrich. Der kommt von ehemals schwedischen Besitzern im 17. Jahrhundert – Rügen war nach dem Dreißigjährigen Krieg schwedisch geworden. Im Laufe der Jahrhunderte wohnten hier verschiedene Von und Zus. In der Nachkriegszeit war es Gewerkschaftererholungsheim, nach der Wende Hotel.

die eigenartig wirkende Krüppelbuche, eine seltene Mutation. Im Volksmund heißt der Landschaftspark deswegen eben Hexenwald.
Falls böse Hexen Sie und Ihren Vierbeiner nicht verhexen sollten, können Sie mit letzter Kraft nach 4 Lietzow reinlaufen. Hier lohnt ein Besuch in der Traditionsräucherei am Kleinen Jasmunder Bodden. Zurück nach Spyker geht's dann mit dem Bus 12 nach Sagard, dann in den Bus 13 nach Spyker.

Info

🚌	Bus 12 bis Sagard, dann 13 bis Spyker
🅿	Am Schloss Spyker
🗺	Kompass Wanderkarte Rügen, Nr. 737
🍴	Peters Fisch Dorfstraße 38 18551 Polchow Tel.: 038302-78030 www.peters-fisch.de
🛏	Hotel Schloss Spyker Schlossallee 1 18551 Spyker Tel.: 038302-770 www.schloss-spyker.de Hund: 8 Euro/Nacht
ℹ	Tourismuszentrale Rügen Ringstraße 113-115 18528 Bergen auf Rügen Tel.: 03838-80770 www.ruegen.de
✚	Dr. med. vet. Jürgen Zeitzmann Am Köhlerberg 20 18546 Sassnitz Tel.: 038392-32366

TOUR 35

Ein Hafen, dunkler Wald, Strand – ein kleines Dorf mit wunderbarem Schloss und altem Park

Auf die schwarzen Berge von Ralswiek

Hundefreundlichkeit: In Ralswiek finden die Störtebeker-Festspiele statt. Bei Veranstaltungen ist das ganze Dorf überlaufen, eine zeitgleiche Wanderung sollte vermieden werden (Spielplan abgleichen: www.stoertebeker.de). Die Rundtour führt an einer Stelle bis zur Straße, für einige hundert Meter läuft man parallel. Ansonsten sehr abwechslungsreich für die Hunde mit viel Wasser, aber auch schattenspendendem Wald.

Tour-Info	↔ 9 km	⏲ 2,5 Std.	↕ 53 / -2 m
Kategorie:	leicht		
Start-Ziel:	Schloss Ralswiek		
GPS:	54°28'35.8"N 13°26'26.5"E		
Markierung:	verschiedene Markierungen		
Wegecharakteristik:	70 % Wanderweg – 20 % Weg – 10 % Straße		

Das ist ein herrschaftlicher Tourstart: Wir parken vor dem Schloss Ralswiek, gehen über das Schlossgelände, wo heute ein Hotel und Restaurant ist, zur Terrassenseite und blicken erst einmal mit vollem Standesbewusstsein in die darunterliegende Bucht und zu unseren Ländereien, die wir nachfolgend mit den wohlerzogenen Schlosshunden erkunden. Über die Schlossterrasse geht es runter in den Park mit seinem uralten Bestand und seltenen Bäumen, weiter ins Dorf, immer orientiert am Ufer, und zum **1** Hafen.

Am Hafen führt **2** ein Steg direkt in den Ralswieker Forst. Der Weg ist auch ausgeschildert Richtung Lietzow. Wir laufen am Ufer des Jasmunder Boddens entlang. Wer will läuft bis zu einer schönen Badebucht. Wer auf das Wasser verzichten will: Kurz vor der Badebucht geht der Weg rechts hoch und führt oberhalb des Ufers weiter. Achtung: Am Ufer selbst geht es nach der Badebucht nicht weiter. Wenn wir diese Schwierigkeit genommen haben, folgen wir nur noch dem Wanderweg geradeaus bis zu dem **3** slawischen

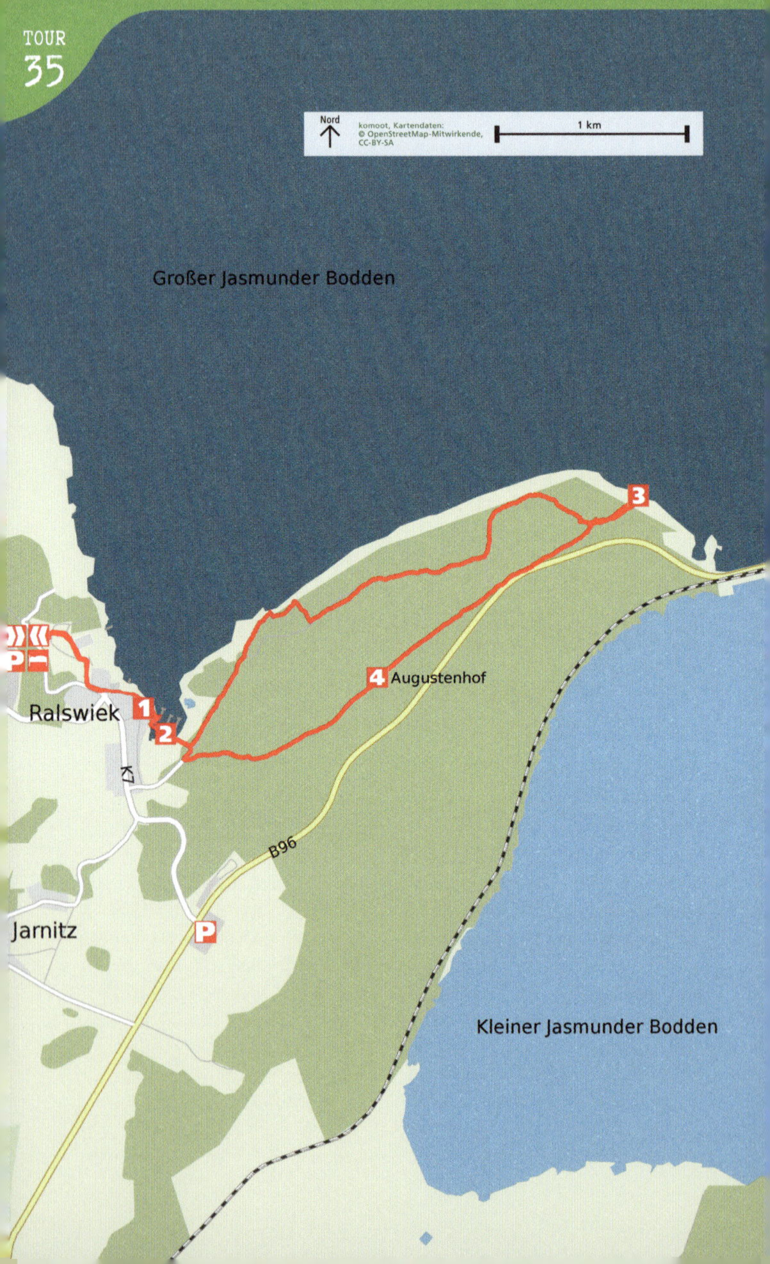

TOUR 35

Großer Jasmunder Bodden

Ralswiek

Jarnitz

Augustenhof

Kleiner Jasmunder Bodden

Burgwall, der sich kurz vor der Brücke nach Lietzow befindet. Viel sieht man von der Wallanlage nicht mehr. Spaß haben da wohl nur Archäologen. Aber immerhin ist diese kaum erkennbare Anlage ein Hinweis darauf, dass Ralswiek schon zur Slawenzeit besiedelt war (5./6. Jahrhundert).

Wer möchte kann nach Lietzow weiterlaufen (was die Tour insgesamt um ca. 2 km verlängert). Oder wir kehren am Burgwall zurück Richtung 4 Augustenhof, einer ehemaligen Försterei, die um 1900 errichtet wurde. Auf dem Weg dorthin gelangen wir zur Straße für kurze Zeit. Der Augustenhof wird heute touristisch genutzt (Ferienwohnungen). Wir lassen ihn hinter uns und laufen nochmal durch ein sehr schönes Teilstück des Ralswieker Forsts, eh wir zurück zum Sporthafen kommen und über den kleinen Steg ins Dorf laufen – und die Wanderung auf der Schlossterrasse nachklingen lassen. Hunde sind da willkommen, Wasser bekamen sie eher gereicht als wir unseren Kaffee hatten, sowas nennt man hundefreundlich.

Info

H	Bus 12 bis Ralswiek Ort
P	Am Schloss Ralswiek (oder im Ort)
🗺	Kompass Wanderkarte Rügen, Nr. 737
🛏	Schlosshotel Ralswiek Parkstraße 35 18528 Ralswiek Tel.: 03838-20320 www.schlosshotel-ralswiek.de Hund: 10 Euro/Nacht
i	Tourismuszentrale Rügen Ringstraße 113-115 18528 Bergen auf Rügen Tel.: 03838-80770 www.ruegen.de
✚	TA Hendrikje Bischoff Am Friedhof 4A 18528 Bergen Tel.: 03838-250454

Schloss Ralswiek

1891 kaufte der Fabrikant Hugo Sholto Graf Douglas das Gut und ließ den heutigen Bau errichten, dessen Inneneinrichtung teils von dem berühmten belgischen Architekten Henry van de Velde stammt, der – obwohl Vertreter des Jugendstils – als Wegbereiter des modernen Bauens um 1900 gilt, auf den sich später auch das Bauhaus bezog.

Am Hafen von Ralswiek im Frühjahr

Schlosspark Putbus – alte Wanderwege mit Alleen –
Felder, Wasser, Moore

Romantisches Rügen: Putbus bis Kasnevitz

Hundefreundlichkeit: Im Schlosspark Putbus werden Vierbeiner schon mal kritisch beäugt, dort gibt es auch ein kleines Wildtiergehege. Zwischendurch laufen wir an zwei Stellen an der Straße entlang und am Ende das letzte Stück durch Putbus – aber die Ausblicke sind es allemal wert und die Hunde kommen zwischendurch auf jeden Fall auf ihre Kosten.

Tour-Info	↔ 11 km	⏱ 3 Std.	↕ 57 / 8 m
Kategorie:	leicht		
Start-Ziel:	Putbus, Parkplatz am Markt		
GPS:	54°21'09.3"N 13°28'08.5"E		
Markierung:	Schilder, gelb		
Wegecharakteristik:	52 % Weg - 26 % Wanderweg - 15 %Straße - 6 % Nebenstraße		

Auf dieser Tour wird es – trotz des Namens – nicht wirklich viel romantischer als an anderen Ecken der Insel, aber schön ist es allemal, wenn wir im neoklassizistischen „weißen Putbus" starten. Wir gehen an der Kirche vorbei Richtung **1** Schwanenteich. Am Zufluss zum Schwanenteich kreuzen sich vier kleine Wege, wir laufen rechts am Fließ entlang Richtung Gremmin. Wir nehmen die erste Möglichkeite nach links, vorbei am **2** Gut Gremmin. Der Pfad führt am Ende auf einen breiteren Wanderweg – hier links bis zur nächsten Kreuzung (Hügeleiche). Dort geht's links zum 🅞 Kunstort Alte Wassermühle – einem sehr zauberhaften Ort, den ein Künstler als Atelierhaus nutzt und in einem kleinen Park seine Arbeiten arrangiert (www.kunstort.net). Für Hunde kein unbedingtes Must-See, deshalb wandern wir an der Hügeleiche auch direkt nach rechts weiter Richtung Kasnevitz, durch einen gespenstigen Wald mit vielen moorigen Stellen.

Kasnevitz ist als Ort wenig beeindruckend. An der Landstraße angekommen, biegen wir deshalb auch gleich rechts ab, laufen auf dem Wanderweg

Marktplatz in Putbus

❗ entlang der Straße bis diese eine Biegung macht. Dort geht links ein Wanderweg, gesäumt von alten Eichen, ab. Diesen Weg laufen wir bis Güstelitz (hier rechts), eine Ansammlung von ein paar Häusern. Der Weg führt danach direkt nach Putbus rein zurück zum Marktplatz.

Putbus

Fürst Wilhelm Malte zu Putbus gründete Putbus 1810 als jüngste Residenzstadt des Nordens mit italienischem Flair. Alles wurde im klassizistischem Stil und mit weißen Fassaden angelegt, weshalb die Stadt noch heute den Beinamen „Weiße Stadt" und „Rosenstadt" trägt. Seinerzeit von Fürst Malte verordnet, achten heute Stadtväter und Denkmalschutz gemeinsam darauf, den Charakter des klassizistischen Stadtkerns mit seinen strahlend weißen Häusern und den repräsentativen Rosenstöcken zu erhalten.

Info

🚌	div. Busse bis Putbus
🅿	Am Marktplatz
🗺	Kompass Wanderkarte Rügen, Nr. 737
🍴	Rosencafé Bahnhofstrasse 1 18581 Putbus / Rügen Tel.: 038301-887290 www.rosencafe-putbus.de
⛔	Hotel Badehaus Goor Fürst-Malte-Allee 1 18581 Lauterbach Tel.: 038301-88260 www.hotel-badehaus-goor.de Hund: 10 Euro/Nacht
ℹ	Tourismuszentrale Rügen Ringstraße 113-115 18528 Bergen auf Rügen Tel.: 03838-80770 www.ruegen.de
✚	TA Willi Dreyer Vilmstraße 4C 8581 Putbus Tel.: 038301-61376

Spektakuläre Seebrücke – Hochuferwege – ein Schloss

Schwarzer See, finnischer Krieger und das Jagdschloss Granitz

Hundefreundlichkeit: Wie fast überall auf Rügen gilt: In der Hauptsaison etwas stressig, ansonsten wunderschön: Diese Tour verbindet alles, was Rügen auszeichnet: Wasser, Steilhänge, Wälder, die von der See geprägt sind. Hunde(halter) werden hier jedoch auch auf die Probe gestellt: An den Hängen müssen die Vierbeiner gut hören, am Jagdschloss ist viel Tourismus, ein Stück geht entlang der Trasse des Rasenden Rolands, einer Kleinbahn. Es wird auf jeden Fall nicht langweilig.

Tour-Info	↔ 15 km	⏱ 4 Std.	↕ 96 / 4 m
Kategorie:	mittelschwer		
Start-Ziel:	Seebrücke Sellin		
GPS:	54°22'59.6"N 13°41'54.4"E		
Markierung:	versch., schwarz, gelb, rot		
Wegecharakteristik:	80% Wanderweg – 10% Wege – 10 % Straße		

Wir starten im Ostseebad Sellin mit seiner phänomenalen Seebrücke. Kurz bevor die Treppen runter zur Seebrücke führen geht nach Norden ein kleiner Pfad ab, der Hochuferweg (schwarze Wegmarkierung), der uns schnell in den Granitzer Forst leitet und immer wieder bemerkenswerte Blicke vom Steilufer auf die Ostsee eröffnet.

Wir folgen den Ausschilderungen Richtung **1** Schwarzer See, einem sehr dunklen, nährstoffarmen Kesselsee, ein sehr seltener Gewässertyp und deshalb Totalreservat. Wir bleiben am Ufer des Sees und gehen rechts weiter den Waldweg, der den asphaltierten Radweg kreuzt und zur Abbiegung führt, von der aus es zum **2** Finnischen Krieger geht. Dieser

Aapo auf dem Hochuferweg bei Sellin

Das Steilufer der Granitz

Die Steiufer zwischen Bind und Baabe gehören zu den vom Abbruch und Rutschungen gefährdeten Abschnitten. Teils sind es jährlich bis zu 70 cm, die jedes Jahr verloren gehen. Das Kliff zwischen Sellin und Baabe besteht meist aus feinem Schmelzwassersand und ist deshalb für die Rutschungen besonders anfällig. Gerade nach starkem Regen, Frost, Sturm oder Hochwasser gibt es Abbrüche, Abrutschungen und Steinschläge. Das Betreten der Hochuferwege und der Strände geschieht deshalb immer auf eigene Gefahr.

Abschnitt der Tour ist gleichfalls ein sehr beliebter Radweg. Im Sommer ist hier sehr viel los, während man von Herbst bis Frühjahr fast alleine ist – höchstens auch mal Hundebesitzer trifft. Das kleine Denkmal für den finnischen Krieger erinnert an die Kämpfe schwedischer Heere, von finnischen Soldaten unterstützt, gegen die napoleonischen Armeen. Etwa 500 m weiter biegen wir links ab zum ❸ Jagdschloss Granitz.

Am Steilufer mit Blick Richtung Sellin

Wir folgen dem Kopfsteinpflasterweg bergrunter und gehen links Richtung Sellin, immer parallel zur Strecke der Schmalspurbahn „Rasender Roland", dessen Schienen wir zweimal kreuzen, eh wir wieder zurück in Sellin sind.

Jagdschloss Granitz

Ab 1837 von dem Berliner Architekten Johann Gottfried Steinmeyer für Fürst Wilhelm Malte I. zu Putbus errichtet, liegt es inmitten eines der größten zusammenhängenden Waldgebiete Rügens. Der von Karl Friedrich Schinkel entworfene 38 m hohe mittlere Turm ragt weit über die Bergkuppe hinaus und ist ein guter Orientierungspunkt. Das Schloss befand sich bis 1944 in Besitz der Familie zu Putbus, danach kam es unter staatliche Verwaltung und ist heute mit über 150.000 Besuchern ein Touristenmagnet. Im Schloss befinden sich einige Ausstellungen und historische Einrichtungen. Hunde dürfen nicht ins Schloss.

Info

🚌	Bus 20 bis Gager
🅿	Seebad Sellin, Am Ende August-Bebel-Straße
🗺	Kompass Wanderkarte Rügen, Nr. 737
🍴	Wirtshaus Alte Brennerei im Jagdschloss Granitz Tel.: 038393-32872 www.alte-brennerei.com
🏨	Hotel Bernstein Hochuferpromenade 8 18586 Ostseebad Sellin Tel.: 038303-1717 www.hotel-bernstein.de Hund: 10 Euro/Nacht Auch empfehlenswert: www.strandhäuser-sellin.de
ℹ	Tourismuszentrale Rügen Ringstraße 113-115 18528 Bergen auf Rügen Tel.: 03838-80770 www.ruegen.de
✚	TA Dr. med. vet. Toralf Siefke Serams 1a 18528 Zirkow Tel.: 038393-31704

Werbung

Vermietungsservice und Objektbetreuung

Bernd Herzog

Am Bahnhof 13 · 18528 Lietzow
Tel. 03 83 02 - 72 89 11
Mobil 01 73 - 150 22 16
Fax 03 83 02 - 72 89 12
E-Mail: info_ruegen_urlaub@web.de
www.info-ruegen-ferienwohnungen.de

Urlaubstraum auf Rügen

TOUR 38

Hügelige Steppenlandschaft – Rundumsicht auf die Boddenküsten Südostrügens
Die Zickerschen Berge

Hundefreundlichkeit: Die karg bewachsenen sanften Hügel bilden eine einmalige Landschaft und sind ein Kontrastprogramm zu allen anderen Ecken der Insel. Die Zickerschen Berge sind bekannt für die rauwolligen Pommerschen Landschafe, die hier von April bis November weiden – und damit zu dieser einzigartigen Vegetation beigetragen haben. Hunde mit Schafsaversionen werden dementsprechend hier nicht glücklich. Konflikte gibt es in der Weidezeit aber v.a. mit den Hütehunden der Schäfer, die ihrer Funktion entsprechend „Eindringlinge" angreifen. Freilaufende, schwanzwedelnde Stadthunde – so der örtliche Schäfer – laufen oft genug zur Begrüßung zu seinen Hütehunden und erleben dann ihr blaues Wunder. Also: In der Weidezeit diesen Punkt sehr ernst nehmen.

Tour-Info	↔ 8 km	⏲ 2 Std.	↕ 59 / 1 m
Kategorie:	leicht		
Start-Ziel:	Hafen in Gager		
GPS:	54°18'33.1"N 13°41'00.2"E		
Markierung:	versch., gelb		
Wegecharakteristik:	90 % Wanderweg - 7 % Nebenstraße - 3 % Weg		

Wir starten am Hafen, laufen durchs Dorf auf der Straße Zum Höft bis zum Ende der Straße, wo sich ein kleiner Parkplatz befindet – eh es rein in die Zickerschen Berge geht.

Die sanften Hügel laden geradezu dazu ein, sich am besten selbst hier runterzukullern – aber was sollen da die Hunde bloß denken?!

Wir laufen den markierten Wanderweg über den **1** Zickerberg (mit Aussichtspunkt) bis zum **2** Nonnenloch. Dort gibt es einen Abstieg per Treppe zum Steinstrand – sehr romantisch. Nach dem Strandabstecher folgen wir den Schildern Richtung Groß Zicker.

Den Gang durch's Dorf kann man sich ersparen, wenn man den Weg nach links kurz vor dem **3** Gasthof Taun Hövt nimmt. Aber es würden einem einige nette Blicke entgehen.

Das Dorf hat seinen ursprünglichen Charakter erhalten, die vielen Dreiseitenhöfe lassen das frühere Leben erahnen.

Am **4** Pfarrwitwenhaus geht der Weg zurück in die Berge. Spätestens aber kurz vor dem Kriegerdenkmal biegen wir ab und laufen Richtung Gager über den **5** Bakenberg, von dem aus der Sonnenuntergang einfach großartig ist. Im Hafen von Gager gibt's als Belohnung dann Fischbrötchen.

	Info
🚌	Bus 20 bis Gager
🅿	Am Hafen in Gager
🗺	Kompass Wanderkarte Rügen, Nr. 737
🛏	Taun Hövt Appartements und Restaurant Boddenstraße 61 18586 Groß Zicker Tel.: 038308-5420 www.taun-hoevt.de Hund: 10 Euro/Nacht
ℹ	Tourismuszentrale Rügen Ringstraße 113-115 18528 Bergen Tel.: 03838 80770 www.ruegen.de
✚	TA Dr. Toralf Siefke Serams 1a 18528 Zirkow Tel. 038393-31704

Von Nonnen keine Spur:
Das Nonnenloch

Usedom

TOUR
39

Spektakuläre Aussichten – Steilküste – Deichwanderung

Rund um den Weißen Berg auf der Südspitze Gnitz

Hundefreundlichkeit: Der erste Teil der Tour bietet wunderschöne Aussichten auf den Peenestrom und wartet für Hund und Herrchen mit akustischen Reizen einer vielfältigen Vogelwelt auf. Schöne Badestellen gibt's vor dem Anstieg auf den Weißen Berg. Wehmutstropfen: Im Naturschutzgebiet herrscht strikte Leinenpflicht. Für den nötigen Auslauf bietet der zweite Teil der Tour jedoch weite Felder und einen einsam gelegenen Deichwanderweg.

Tour-Info	↔ 11,5 km	⏱ 3 Std.	↕ 36 / 1 m
Kategorie:	mittelschwer		
Start-Ziel:	Lütow, Parkplatz an der Bushaltestelle		
GPS:	54°00'38.9"N 13°52'46.9"E		
Markierung:	teilweise Wegweiser / grüne Markierung		
Wegecharakteristik:	75 % Wanderweg – 10 % Plattenweg – 15 % Straße		

Die Tour startet an der Bushaltestelle in Lütow in der Straße Am Achterwasser. Hier stehen auch einige kostenfreie Parkplätze zur Verfügung. Um zum Naturschutzgebiet „Südspitze Gnitz" zu gelangen, geht es zunächst einen kleinen Pfad am südlichen Ortsrand von Lütow entlang. Nach wenigen Metern erreicht man die Straße „Zum Möwenort", dort dann links. Eine Informationstafel am Straßenende markiert den Beginn des ❗ Naturschutzgebietes. Nach knapp einem halben km hält man sich an der Weggabelung links, um erneut nach 500 m an ein **1** Drehkreuz zu gelangen. Hier bietet es sich an, dem Pfad nach links am Strand entlang zu folgen. Bei gutem Wetter hat man einen fantastischen Blick auf den Lieper Winkel und auf das Festland. Achtung: Abseits des Weges ist es mitunter sehr ❗ sumpfig.

Der Strandpfad führt zum ursprünglichen Weg. Es folgt die Besteigung des Weißen Bergs. Nach ganzen 30 Höhenmetern ist der **2** „Gipfel" erreicht. Der Abstieg erfolgt nach

TOUR 39

der Wegkreuzung, wir halten uns rechts. Nun geht es für ein kleines Stück über den Naturcampingplatz. Man hält sich zweimal links und betritt wieder das Naturschutzgebiet. An der nächsten Kreuzung nach links abbiegen. Hinter der Stromleitung rechts bis zur wenig befahrenen **!** Zeltplatzstraße. Dieser folgt man bis nach Lütow zurück. Hier hat man die Wahl in südlicher Richtung zum Parkplatz zu laufen, um die Tour zu beenden. Oder man gönnt seinem vierbeinigen Begleiter noch mal eine ordentliche sechs Kilometer lange Verlängerung über den Deich. Dazu dem Wegweiser zum wenig spektakulären, aber immerhin aus der Jungsteinzeit stammenden **3** Großsteingrab (grüne Markierung) folgen. Für die nächsten knapp zwei Kilometer geht es über weiter Felder – an einem einsamen **4** Weiher vorbei –, bis man den kleinen Ort Netzelkow erreicht hat. Am Ortsrand biegt man hinter der Bushaltestelle nach rechts in Richtung Kirche ab. An der aus dem 15. Jahrhundert stammenden **5** Kirche – dem einzigen Highlight des Dorfes – geht es rechts vorbei auf den Deich. Hier hält man sich erneut rechts, macht einen Bogen um die Schleuse und wandert auf dem mit Schilf gesäumten Deichweg zurück zum Ausgangspunkt der Tour. Als Abschluss wartet der Biergarten des Café Galerie.

Info

🅷 Ostseebus 273 von Wolgast nach Lütow (Achtung: Fährt nicht am Wochenende)

🅿 Parkplatz an der Bushaltestelle Lütow , Am Achterwasser

Rad- & Wanderkarte Zinnowitz – Ückeritz – Peenemünde (Verlag grünes herz)

🍴 Café Galerie
Am Möwenort
17440 Lütow
Tel.: 038377-40190
Hunde sind nur im Biergarten erlaubt

⛔ Ferienresort Möwenort
Zum Möwenort 23
17440 Lütow
Tel.: 038377-352758
www.moewenort-usedom.de
Hund: 7 Euro/Nacht, Endreinigung 20 Euro

ℹ Usedom Tourismus
Waldstraße 1
17429 Seebad Bansin
Tel.: 038378-47710
www.usedom.de

✚ TA Dr. Manfred Hadlich
Rosenweg 1
17454 Zinnowitz
Tel.: 038377-43772

An der Südspitze der Halbinsel Gnitz ist man meistens allein unterwegs

TOUR
40

Streckelsberg – Hundestrand – Hundeboulevard

Auf dem Hundeboulevard

Hundefreundlichkeit: Diese sehr leichte Tour ist auch für ältere Hunde problemlos zu meistern. Vorsicht entlang der Steilküste! In Koserow und am Kolpinsee herrscht im Sommer hektisches Treiben. Auch während der Nebensaison muss man sich darauf gefasst machen, dass man nicht allein unterwegs ist. Insbesondere der breite Wanderweg zwischen Koserow und Kolpinsee ist eine beliebte Gassistrecke. Kurz vor dem Kolpinsee gibt es einen Hundestrand.

Tour-Info	↔ 7 km	🕒 2 Std.	↕ 52 / 1 m
Kategorie:	leicht		
Start-Ziel:	Koserow, Parkplatz Förster-Schrödter-Straße		
GPS:	54°03'11.5"N 14°00'04.7"E		
Markierung:	grünes Eichenblatt – diverse Wegweiser		
Wegecharakteristik:	70 % Wanderweg – 15 % Nebenstraße – 10 % Weg – 5 % Strand		

Die Tour beginnt am Parkplatz in der Förster-Schrödter-Straße. Von hier aus statten wir zunächst den **1** Salzhütten von Koserow einen Besuch ab, die über die Vinetastraße nach knapp 700 m erreicht werden. Bei diesen 1986 rekonstuierten rohrschilfgedeckten Häuschen, an denen man heute Souvenirs kaufen und zum Fischessen einkehren kann, befindet sich auch die **O** Seebrücke von Koserow. Bevor man die Brücke betritt, führt ein Pfad rechts oberhalb des Strandes ab. An der Kreuzung nach knapp 500 m hält man sich links und läuft ein kurzes Stück auf dem breiten Rad- und Wanderweg Richtung Osten. Nach 200 m zweigt ein steiler Pfad zum **2** Streckelsberg nach links ab („grünes Eichenblatt"). Trotz der fast 50 Höhenmeter sollte der Anstieg weder für Hund noch Halter ein Problem darstellen. Oben angekommen werden zumindest alle Zweibeiner mit herrlichen Ausblicken auf die Ostsee belohnt – bei guter Sicht kann man sogar bis nach Rügen schauen.

TOUR 40

Ostsee

Achterwasser

An der Steilküste gibt es herrliche Ausblicke auf die Ostsee

Ungestüme Hunde sollten auf dem Weg entlang der Steilküste (alle Abzweigungen ignorieren) auf jeden Fall „bei Fuß" laufen, da der 🛇 schmale Pfad und die Ausblickmöglichkeiten mitunter nicht oder nur mit Holzgeländern gesichert sind.

Schon bald trifft man wieder auf den breiten Wander- und Radweg,

Wer nicht in der Hochsaison unterwegs ist, hat den Hundeboulevard fast für sich allein

dem wir jedoch nur ein kurzes Stück folgen. Nach 200 m passieren wir eine Kreuzung mit Strandzugang. Hier zunächst kurz links, um dann rechts in den engen Trampelweg abzubiegen. Für den nächsten Kilometer geht immer geradeaus (alle Abzweigungen ignorieren) dem schmalen Weg entlang der Steilküste folgend bis zum Hundestrandzugang. Kleine Hunde sollten **3** die Eisengittertreppe hinunter getragen werden. Hunde, für die die Treppe ein unüberwindbares Hindernis darstellt, können zusammen mit Herrchen und Frauchen den alternativen Weg über den breiten Rad- und Wanderweg nehmen. Am Strand angekommen sind es noch knapp 200 m, bis der **4** Hundestrand (Abschnitt 5F) erreicht wird. Nach ausgiebigem Planschen in der Ostsee geht es weiter zum Kölpinsee. Souvenir- und Imbissstände, Einkehrmöglichkeiten und Hotels reihen sich hier aneinander. Auf dem Rückweg bieten sich mehrere Wegoptionen an. Entweder läuft man den gleichen Weg entlang der Steilküste zurück, oder man wählt den parallellaufenden Rad- und Wanderweg, der sich in den Sommermonaten zum „Hundeboulevard" verwandelt. Viele Touristen und Einheimische nutzen die zwei km lange Strecke zum gemütlichen Flanieren mit ihren Hunden. Sportliche Zwei- und Vierbeiner wählen den anstrengenden Rückweg am Strand. Den Parkplatz erreicht man auf allen Wegen ohne große Mühen über die Förster-Schrödter-Straße, die direkt in einen Strandzugang mündet.

Info

H	Ostseebus 282 von Zinnowitz nach Koserow (Achtung: Fährt nicht am Wochenende.), oder Usedomer Bäderbahn von Bansin oder Zinnowitz nach Koserow
P	Parkplatz in der Förster-Schrödter-Straße, Koserow
📖	Rad- & Wanderkarte Zinnowitz – Ückeritz – Peenemünde (Verlag grünes herz)
🍴	Koserower Salzhütte Fisch-Restaurant & Räucherei 17459 Koserow Tel.: 038375-20680 www.koserower-salzhuette.de
	Restaurant & Café Am See Strandstraße 2 B 17459 Loddin Tel.: 038375-248190
🛏	Ferienwohnung Villa Margot Bergstraße 29 17429 Bansin Tel.: 038378-32935 Hund: 10 Euro/Nacht
i	Kurverwaltung Koserow Hauptstraße 31 17459 Koserow Tel.: 038375-20415
+	TA Dr. Hans Prause Dr. Wachsmann-Straße 25 17454 Zinnowitz Tel.: 038377-42624

Vineta: Das Atlantis der Ostsee

Wer auf den Spuren der versunkenen Stadt Vineta wandeln möchte, sollte diese Tour an einem Ostermontag begehen. Der Legende nach erhebt sich jedes Jahr an genau diesem Tag die einst mächtige Metropole aus den Fluten direkt unterhalb des Streckelsberges. Ob es die sagenumwobene Stadt aus dem Mittelalter tatsächlich gab, ist wissenschaftlich nicht belegt. Auch bezüglich der Lage konkurrieren mehrere Orte miteinander: Neben Koserow nehmen auch Wollin und Barth für sich in Anspruch, das Atlantis der Ostsee läge vor ihren Toren.

TOUR 41

Seen und Meer – schattige Mischwälder –
Ostseebad Bansin

Von Benz nach Bansin durch die Usedomer Schweiz

Hundefreundlichkeit: Auch auf dieser Tour bleibt man größtenteils allein – mit Ausnahme von Bansin. Unterwegs gibt es genug Wasserstellen und viele schattige Plätzchen. Die Höhenunterschiede sollten weder für Hund noch Halter ein Problem darstellen. Kurz vor Bansin muss eine stark befahrene Bundesstraße und eine Bahnstrecke überquert werden.

Tour-Info	↔ 8 km	⏲ 2,5 Std.	⇅ 53 / 1 m
Kategorie:	leicht		
Start-Ziel:	Benz, Bushaltestelle, Bansin, Touristeninformation		
GPS:	53°56'30.2"N 14°04'18.6"E		
Markierung:	verschiedene Markierungen		
Wegecharakteristik:	62 % Wanderweg – 22 % Nebenstraße – 8 % Straße		

Die Tour startet an der Bushaltestelle in Benz, an der sich ein kostenfreier Parkplatz befindet. Bevor es mitten durch die Usedomer Schweiz geht, sollte man (als kulturbeflissener Hundebesitzer) der 🅾 Dorfkirche St. Petri einen Besuch abstatten – immerhin stammt der Kern des Gotteshauses aus dem frühen 13. Jahrhundert. Um auf die eigentliche Wanderroute zu gelangen, durchquert man zunächst auf dem Stobener Weg das kleine Örtchen.

An der Fritz-Behn-Straße hält man sich rechts, um nach etwa 150 m erneut rechts in den Selliner Weg einzubiegen. Zunächst geht es an einer ❗ Pferdekoppel in Richtung Wald. Im Norden blitzt bereits der Schmollensee auf, an dem wir über weite Strecken entlangwandern werden. Hat man den Mischwald erreicht, verschwindet auch der See vorerst aus dem Blickfeld, da die ersten Höhenmeter der Usedomer Schweiz zu überwinden sind.

Die hüglige Usedomer Schweiz macht auch im Regen Spaß

Nach etwa zwei km halten wir uns an der Wegekreuzung links und schwenken leicht in Richtung Norden ab. Hinter dem ersten Hügel rückt das erste Etappenziel, der Schmollensee, wieder ins Blickfeld. An der nächsten Wegegabelung biegen wir links ab, um über das Dorf Sellin zum See zu gelangen.

Auch bei schlechtem Wetter kein Grund zum Schmollen: der Schmollensee

Hier wartet ein 1 Rastplatz mit wunderschönen Blicken über den See auf. An heißen Tagen können sich Hunde hier die nötige Abkühlung verschaffen. Wenn gewünscht, sorgt ein ausgeschilderter Biergarten für die nötige Abkühlung von Herrchen und Frauchen.

Zurück auf dem Hauptweg geht es bis zur Bushaltestelle des Dorfes. Hier erst kurz links und dann gleich wieder rechts zum Ufer des See abbiegen. Der Weg führt nun für knapp einen km in einem kleinen Waldstreifen am See entlang. Ab und zu lassen sich trotz des rechter Hand liegenden Schilfs schöne Blicke auf den See erhaschen. Nachdem man ein paar kleine Gärten passiert hat, kommt man an eine **2** Wegeskreuzung. Wer rechts abbiegt, gelangt nach knapp 400 m zum idyllischen Café Fangel. Die Wanderroute geht jedoch immer weiter geradeaus durch den Mischwald. Wer will kann einen kleinen Abstecher zum Großen Krebssee machen – ansonsten alle Abzweigungen ignorieren. Schon bald ist der Autoverkehr der stark befahrenen **!** B 111 nicht mehr zu überhören. Bevor dieses Hindernis überwunden wird, muss auch noch die **!** Bahnstrecke der Usedomer Bäderbahn am **3** Bahnübergang überquert werden. Hinter der B 111 folgt man dem Straßenschild „Ahlbecker Chaussee 16" und gelangt alsbald auf einen Waldweg in Richtung Bansin. Diesem folgt man für etwa einen km. An der folgenden T-Kreuzung hält man sich links und folgt der asphaltierten Straße Fischerweg für etwa 400 m. Die auftauchenden Häuserreihen mit der typischen Bäderarchitektur verdeutlichen, dass das Ostseebad Bansin nicht mehr weit entfernt ist. An der Y-Gabelung hält man sich rechts und überquert die Bergstraße. Auf der Strandpromenade ist der Endpunkt der Tour, die Touristeninformation Bansin mit der markanten Seebrücke erreicht. Bis zu den nächsten Hundestränden ist es jedoch noch ein ganzes Stück – jeweils einen km nach rechts und links...

Info

🚌	Ostseebus 281 von Bansin nach Benz (Achtung: Fährt nicht am Wochenende.)
🅿	Parkplatz vor der Dorfkirche, Benz
🗺	Rad- & Wanderkarte Heringsdorf, Ahlbeck, Bansin und Swinemünde (Verlag grünes herz)
🍴	Forsthaus Fangel 17429 Bansin Tel.: 038378 32253 Mai – Oktober geöffnet
🏠	Ferienwohnung Villa Margot Bergstraße 29 17429 Bansin Tel.: 038378-32935 Hund: 10 Euro/Nacht
ℹ	Touristinformation Seebad Bansin An der Seebrücke 17429 Seebad Bansin Tel.: 038378-47050 www.bansin.de
➕	TÄ Dr. Rosemarie Piehler und Dr. Lutz Piehler Fischerweg 9 a 17429 Seebad Bansin Tel.: 038378-29471

Tipp

Wer sich für die Kultur und die Geschichte Usedoms interessiert, sollte vor der Tour der Holländermühle in Benz einen Besuch abstatten. Von dieser ursprünglichen Mühlenart gibt es an der gesamten Ostseeküste nur noch ganz wenige. Der Erhalt der Mühle ist dem Maler Otto Niemeyer-Holstein (1871-1956) zu verdanken, der die alte Mühle zu Lebzeiten erwarb und restaurieren ließ. Heute ist die Mühle sowohl ein Museum als auch ein Café.

Kulturmühle Benz e. V.
Dorfstraße 2
17429 Stoben
Tel. 0172-9096974
www.muehle-benz.de

TOUR
42

weite Felder und Mischwälder – Kriegsgräber- und Gedenkstätte Golm – Stettiner Haff

Rund um Golm zum höchsten „Berg" der Insel

Hundefreundlichkeit: Die Wanderung ist mit wenigen Ausnahmen hundefreundlich. Zwar verläuft der erste Teil der Tour auf dem Radwanderweg Usedom, aber in der Nebensaison läuft man hier praktisch mutterseelenallein. Von Kamminke bis zur Kriegsgräber- und Gedenkstätte Golm laufen wir entlang einer Straße. Während des letzten Drittels führt der Weg durch einen schattigen Mischwald. Wasserstellen gibt es bis auf das Haff keine.

Tour-Info	↔ 9,5 km	⏲ 2,5 Std.	↕ 40 / 1 m
Kategorie:	leicht		
Start-Ziel:	Garz, Parkplatz Lindenstraße		
GPS:	53°52'51.1"N 14°10'14.2"E		
Markierung:	Zunächst Radwanderweg Usedom – anschließend diverse Wegweiser		
Wegecharakteristik:	50 % Wanderweg – 30 % Radweg – 15 % Nebenstraße – 5 % Straße		

Die Tour startet auf dem Parkplatz in Garz. Zunächst geht es für knapp 150 m die Straße entlang Richtung Süden. An der Wegkreuzung hält man sich rechts und wandert auf einen gepflasterten Weg Richtung Kamminke. Der Weg wird auch von Radfahrern genutzt, allerdings ist man insbesondere in der Nebensaison praktisch allein unterwegs. An Feldern vorbei führt der Weg für ein kurzes Stück in einen lichten Wald hinein. Während am Ende des Waldes eine Tafel über die Naturlandschaft in Usedom informiert, ist am Horizont in Richtung Osten bereits der verschlafene Grenzort Kamminke zu sehen. Bis zum Ort sind es noch knapp zwei km. Zwischendurch passiert man bald rechter Hand einen **1** kleinen Friedhof. Hinter dem Friedhof schließt sich der Campingplatz Kamminke an. Hat man den Ort erreicht, lohnt ein Abstecher zum Hafen von

Der „unbekannte Fischer" an der deutsch-polnischen Grenze

Kamminke. Dazu hält man sich rechts und folgt der Bergstraße hinab zum Wasser. Zu Füßen des 2 „Denkmal des unbekannten Fischers" empfiehlt sich eine Rast mit einem wunderbaren Blick auf das Stettiner Haff. Leider ist das Betreten des Strandes hinter der Fischräucherei für Hunde untersagt. Nach der Rast geht es auf altbekanntem Weg zurück durch den Ort und anschließend auf der wenig befahrenen Straße gen Norden. Das Schild „Gedenkstätte Golm" weist den Weg. Hinter der Jugendbegegnungsstätte Golm hält man sich rechts und dann wieder links. Auf

TOUR 42

dem Gehweg der Dorfstraße erreicht man nach 500 m den Eingang zur 3 Kriegsgräber- und Gedenkstätte. Bevor man diesen schaurigen, aber landschaftlich wunderschönen Ort verlässt, empfiehlt sich ein Abstecher zu einem Aussichtspunkt im Norden. Ansonsten geht es nun Richtung Osten zurück nach Garz. An der ersten Abzweigung folgt man dem Wegweiser nach links, der Zwei- und Vierbeiner in einen schönen Mischwald führt. Hat man die T-Kreuzung erreicht, hält man sich rechts und läuft geradeaus. Nach etwa 700 m hält man sich links und wandert weiter gen Westen. Bald schon läuft man parallel zur Friedenstraße. Für ein kurzes Stück ist es leider unumgänglich direkt auf der ! Straße zu gehen, allerdings kommt schon bald ein Gehweg, auf dem man entspannt die Tour zu Ende bringen kann.

Gedenkstätte

Rund um den höchsten Berg Usedoms (71 m), liegen 20.000 Opfer, die bei einem alliierten Bombenangriff auf das damalige deutsche Swinemünde (heute Swinoujscie) während des 2. Weltkriegs ums Leben kamen, begraben. Infotafeln klären über die Tragödie, die sich am 12. März 1945 zutrug, auf.

Info

H	Ostseebus 286 von Bansin nach Garz (Achtung: Fährt nicht am Sonntag)
P	Parkplatz in der Lindenstraße, Garz
	Rad- & Wanderkarte Heringsdorf, Ahlbeck, Bansin und Swinemünde (Verlag grünes herz)
	Fischräucherei Kamminke Auf der Mole 17419 Kamminke Tel.: 038376-29776 www.fischraeucherei-kamminke.de
	Ferienwohung in Garz Friedenstraße10 17419 Garz Mobil: 0173 6712321 www.fewo-garz-usedom.de Hund: 5 Euro/Nacht
i	Usedom Tourismus Waldstraße 1 17429 Seebad Bansin Tel.: 038378-47710 www.usedom.de
+	TÄ Dr. Monika Wenzel und Detlef Wenzel Haffbergstr. 14 17419 Dargen Tel.: 038376-20303 Notruf: 038378-807350

Tipp

Wenn Zwei- und Vierbeiner genug Ausdauer haben und sich richtig auspowern wollen, kann die Tour ab der Kriegsgräber- und Gedenkstätte Golm bis zum Wolgastsee im Norden entlang der polnischen Grenze erweitert werden (ca. 10 Kilometer).

Schloss Stolpe – Inselkäserei Usedom – über die Deiche

Einmal rund um Stolpe

Hundefreundlichkeit: Die Wanderung eignet sich ausgezeichnet für eine entspannte Wanderung rund um das Dorf Stolpe. Auf weite Felder folgt ein idyllischer Wanderweg entlang des Haffs. Besonders an der kleinen Badestelle „Zum Borken" haben Vier- und Zweibeiner ihren Spaß. Lediglich im Ort Stolpe führt der Weg teilweise entlang einer Straße.

Tour-Info	↔ 9,5 km	⊕ 2,5 Std.	↕ 17 / 1 m
Kategorie:	leicht		
Start-Ziel:	Schloss Stolpe, Parkplatz		
GPS:	53°52'05.9"N 13°59'28.6"E		
Markierung:	verschiedene Markierungen		
Wegecharakteristik:	75 % Wanderweg – 15 % Nebenstraße – 10 % Straße		

Vom Parkplatz des aufwendig restaurierten ⬤ Schlosses Stolpe, das im 17. Jahrhundert errichtet wurde, geht es in südwestliche Richtung. Wenige Meter nachdem man den unübersehbaren Landhof Usedom passiert hat, beginnt der Feldweg. An der ersten Gabelung dem Weg nach rechts folgen. Auf dem Weg nach Welzin hat man an der nächsten Wegkreuzung die Qual der Wahl: Beide Wegweiser zeigen den Weg nach Welzin. Wir nehmen den rechten Pfad entlang der schattenspendenden Laubbäume. Schon bald erkennt man in der Ferne das Dorf Welzin, die erste Etappe der Wanderung ist geschafft. Hat man die T-Kreuzung im Ort erreicht, hält man sich links, um an der Bushaltestelle erneut links abzubiegen. Nun geht es in südöstlicher Richtung zur **1** Inselkäserei Usedom. Hier kann man zur Rast nicht nur ein leckeres Stück Inselkäse probieren, sondern zur Stärkung auch einen Kaffee und andere Getränke zu sich nehmen. Gleich hinter der Käserei dem Wegweiser nach Stolpe folgen. Es geht erneut querfeldein in Richtung Osten. Nach einem km gelangt man an eine T-Kreuzung, der man nach rechts folgt. Hinter dem kleinen Wäldchen liegt die **2** Badestelle „Zum Borken". Hier hat sich Bello ein ordentliches Bad im Stettiner Haff verdient. Und auch

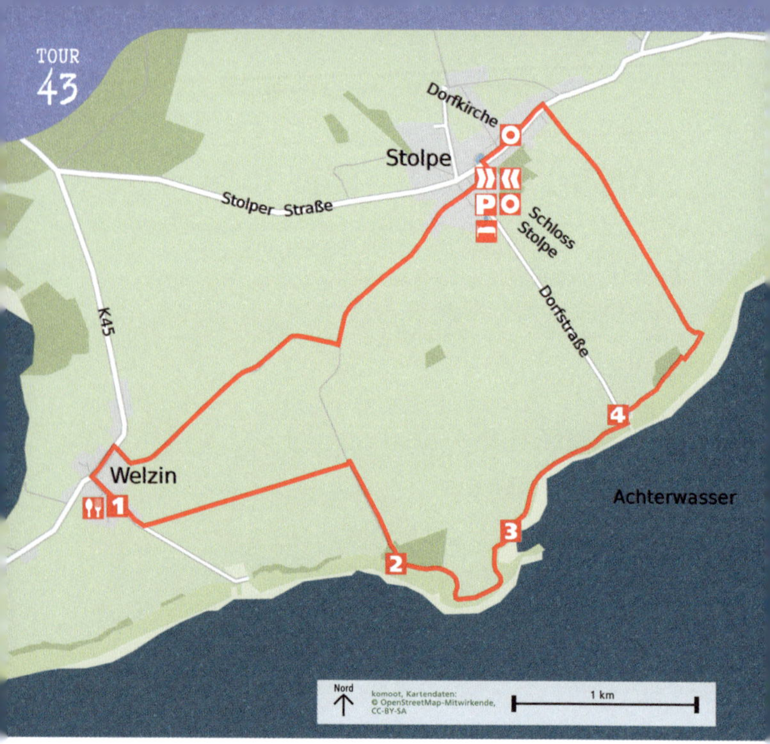

TOUR 43

Werbung

Idyllische Plätzchen entlang der Deichwanderung

die zweibeinigen Begleiter können sich am Rastplatz entspannt zurücklegen. Hat man die Badestelle hinter sich gelassen, geht's weiter auf dem Deich immer entlang am Haff.

Auch hier wird man nur selten auf andere Zwei- und Vierbeiner treffen. Das einzige architektonische Highlight für die nächsten zwei km ist eine **3** Schleuse am Deich. Folgt man dem Deichweg weiter, erreicht man bald den kleinen, idyllischen **4** Hafenanleger von Stolpe. Hier hat man nun die Möglichkeit auf der Dorfstraße zurück nach Stolpe zu laufen oder weiter am Haff Richtung Grummlin zu wandern. Folgt man dem Weg Richtung Grummlin, geht's nach 500 m ab nach Stolpe. Diese sollte man nehmen, da man von Grummlin nur auf einer Straße zurück nach Stolpe gelangt. Hat man Stolpe erreicht, biegt man auf den Fußgängerweg nach links ab, passiert die **5** Dorfkirche und das Kriegsmahnmal und gelangt schließlich zum Ausgangsort der Tour – Schloss Stolpe – zurück.

Info

🅗	Ostseebus 284 von Usedom (Stadt) nach Stolpe (Achtung: Fährt nicht am Wochenende)
🅟	Parkplatz am Schloss Stolpe, Am Schloss 9
🗺	Rad- & Wanderkarte Lieper Winkel und Usedom (Verlag grünes herz)
🍴	Inselkäserei Usedom Dorfstraße 30 17406 Welzin Tel.: 038372-76139 www.inselkaese.de
🛏	Ferienwohnung Hell Zum Haff 7 17406 Stolpe Tel.: 038372-779898 www.usedom-fewo-hell.de Hunde übernachten kostenfrei
ℹ	Stadtinformation Usedom Bäderstr. 5 17406 Usedom Tel.: 038372-70890 www.stadtinfo-usedom.de
✚	TA Dr. Katrin Loepelmann Bäderstr. 68 17406 Usedom Tel.: 038372-70256 Mobil: 0171-2129834

TOUR 44

Deichwanderung – Achterwasser – weite Wiesen und Felder

Einsamkeit im Lieper Winkel

Hundefreundlichkeit: Der Lieper Winkel ist ein Paradies für Hunde und ruhesuchende Zweibeiner. Auf der gesamten Halbinsel, die mit weiten Wiesen, einem schilfgesäumten Deich, beschaulichen Wäldern und einsamen Zugängen zum Achterwasser aufwartet, gibt es gerade mal sieben kleine Dörfer. Aus touristischer Sicht ist der Landstrich somit das genaue Gegenteil von Usedoms Hotspots wie Bansin, Heringsdorf und Ahlbeck. Überfüllte Strände, viel Verkehr und Hotels wird man hier vergeblich suchen. Das bedeutet aber auch: Es gibt nur wenig Einkehrmöglichkeiten und manche Wiesen sind ausschließlich Weidevieh vorbehalten.

Tour-Info	↔ 15,5 km	⏱ 3,5 Std.	↕ 4 / -3 m
Kategorie:	mittel		
Start-Ziel:	Quilitz, Bushaltestelle		
GPS:	53°57'22.8"N 13°55'10.1"E		
Markierung:	Wegweiser „Usedomer Rundweg", gelbe Markierung		
Wegecharakteristik:	71 % Wanderweg – 10 % Nebenstraße – 19 % Straße		

Die Tour startet an der Bushaltestelle in Quilitz. Auf dem Plattenweg geht es zunächst durch den kleinen Ort hindurch. Am Ortsende folgt man dem Wegweiser nach Warthe. Linker Hand bieten sich schon bald wunderschöne Blicke über das Achterwasser. An guten Tagen kann man sogar bis aufs Festland nach Lassan schauen. Nach knapp 2,5 km passiert man eine **1** Schleuse aus Backstein. In der Ferne kann man bereits den kleinen Ort Warthe erkennen. Im Dorf angelangt – der Weg ist mittlerweile asphaltiert –, folgt man dem Peeneweg nach links. An der wenig einladenden Einkehrmöglichkeit „Zum alten Kahn" hält man sich rechts. Entlang des Achterwassers bieten sich schon bald für Hunde unzählige Bademöglichkeiten. Nach einer ausgedehnten Rechtskurve führt der Weg weiter gen Osten. Rechter Hand liegen eingezäunte Weideflächen

Nord
komoot, Kartendaten:
© OpenStreetMap-Mitwirkende,
CC-BY-SA
1 km
Kühe
Warthe
Lieper Winkel
Reestow
Gruessow
K34
Liepe
Quilitz
Rankwitz
K34

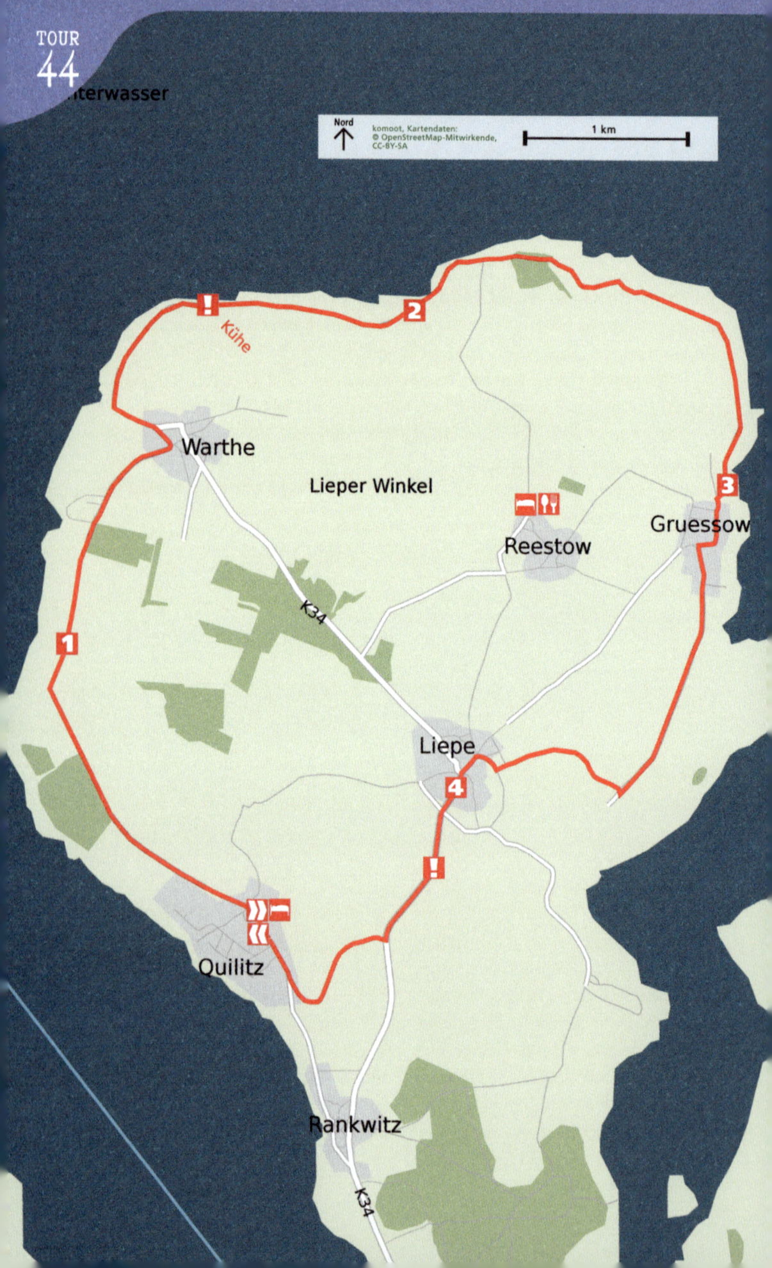

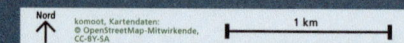

Die weiten Felder und saftige Wiesen im Lieper Winkel sind für Hunde ein Paradies

auf denen 🅷 Kühe weiden. Vorsicht: Mitunter handelt es sich um elektronische geladene Weidezäune. Schon bald passiert man eine weitere 2 Schleuse.

Nur wenige Meter hinter der Schleuse führt eine Abzweigung nach rechts zur etwa 1,5 km entfernten Gaststätte „Zum Storchennest". Wer keinen

TOUR 44

Nur die Harten kommen in den Garten

Hunger verspürt, ignoriert diese und die nächste Abzweigung und wandert weiter auf dem Hauptweg Richtung Westen. Für Hund und Halter beginnt nun der schönste Teil der Tour.

Nachdem der Weg langsam Richtung Süden abdriftet, kommt am Horizont bereits das Örtchen Grüssow in Sicht. Nachdem eine kleine **3** Anlegestelle passiert ist, steuert man im Ort die Bushaltestelle an. Um auf dem weiteren Weg nach Liepe nicht auf der Straße zu laufen, folgt man an der Bushaltestelle der gelben Markierung nach links. Für die nächsten knapp 2 km geht es nun querfeldein. An einer markanten Baumreihe wird dem Weg nach rechts Richtung Liepe gefolgt. Im Dorf angekommen folgt man der Hauptstraße nach links. Die Hauptattraktion von Liepe ist die **4** Dorfkirche, bei der es sich um die älteste in ganz Usedom handelt. Die erste urkundliche Erwähung stammt von 1216! Die letzte Etappe der Tour führt zunächst entlang der Hauptstraße Richtung Süden. Nach 1 km nimmt man die Abzweigung nach rechts und läuft in einer langgestreckten Kurve über einen Feldweg zurück nach Quilitz.

Tipp

Wem die Tour zu lang ist, dem sei empfohlen, in Reestow – bei der Gaststätte „Zum Storchennest" – zu starten. Von hier aus geht es zunächst nach Norden zum Achterwasser, wo man sich rechts hält. Nun befindet man sich auf der ursprünglichen Strecke. In Grüssow wandert man nicht nach Liepe, sondern zurück nach Reestow. Auf diese Weise kann man die Tour halbieren (siehe schwarze Markierung auf der Karte).

Info

H — Ostseebus 283 von Usedom (Stadt) nach Quilitz (Achtung: fährt nicht am Wochenende) Wer mit dem Bus zurückfährt, sollte bereits in Liepe einsteigen, da Quilitz nicht häufig angefahren wird.

P — In Quilitz finden sich am Straßenrand kostenfreie Parkmöglichkeiten.

Karte — Rad- & Wanderkarte Lieper Winkel und Usedom (Verlag grünes herz)

Restaurant — Restaurant & Biergarten „Zum Storchennest"
Ballitzer Weg 2-3
17406 Reestow
Tel.: 02943-3514
www.middeke-usedom.de

Unterkunft — Ferienhäuser Michaelis
Dorfstraße 9b
17406 Quilitz
Tel.: 038372-76935
www.ferienhaeuser-michaelis.de
Hund: 20 Euro einmalig

Ferienwohnungen
Zum Storchennest
Ballitzer Weg 2-3
17406 Reestow
Tel.: 02943 3514
www.middeke-usedom.de
Hund: 4,50 Euro/Nacht

i — Usedom Tourismus
Waldstraße 1
17429 Seebad Bansin
Tel.: 038378-47710
www.usedom.de

+ — TA Dr. Katrin Loepelmann
Bäderstr. 68
17406 Usedom
Tel.: 038372-70256
Mobil: 0171-2129834

Stettiner Haff

Riesiges Torfmoor – bizarre Landschaft

Anklamer Stadtbruch: die Everglades von MV

Hundefreundlichkeit: Wie immer kommt es auf die Jahreszeit an, wenn man hier unterwegs sein will: Das riesige Torfmoorgebiet ist eine Rarität, viele Besucher kommen, Radfahrer sind auf den gut ausgebauten Strecken ebenfalls zahlreich bei gutem Wetter. Außerhalb der Saison lässt es sich gut wandern. Vorsicht bei den vielen seltenen Brutvögeln im Frühjahr.

Tour-Info	↔ 11 km	⏲ 3 Std.	↕ 0 / -3 m
Kategorie:	leicht		
Start-Ziel:	Kamp, am Hafen		
GPS:	53°50'33.2"N 13°50'57.6"E		
Markierung:	verschiedene Markierungen		
Wegecharakteristik:	64% Wanderweg – 35% Weg – 1% Straße		

Die Everglades von MV wird das Torfmoor bei Anklam genannt. Es ist zwar nicht ganz so riesig wie die echten Everglades in Florida, und tropische Zustände kann man dem Flecken auch nicht gerade zuschreiben. Aber an manchen Stellen ist der Vergleich gar nicht so weit hergeholt: Moore, weitgehend überflutete Abschnitte, aus dem Wasser herausragende Bäume und Gräser sowie verinselte Punkte wechseln sich ab und formen eine bizarre Landschaft, die unter Naturschutz steht und vielen seltenen Vögeln eine Heimat gibt. Es gibt ⦿ einen Rundweg ins Moor von Grünhagen aus, der aber nur eine relativ kleine Runde zulässt, weshalb wir uns für eine Alternative entschieden haben: Wir starten in Kamp am Hafen. In der Saison kann man dort auch gastronomisch versorgt werden. Wir laufen dann zunächst in Richtung Bargischow an den **1** Gellendiner Wiesen vorbei. Kurz **2** vor der Brücke biegen wir links auf den Rad- und Wanderweg ab. In der Saison ❗ wird man hier sehr viel Radverkehr haben, bei kälteren Temperaturen ist man jedoch auch hier alleine. Der geschotterte Weg mag manchem Hund nicht ganz so angenehm sein, die unempfindlicheren stört es nicht.

Blick auf den Anklamer Stadtbruch

Auf jeden Fall bieten sich hier schon erste wunderbare Ausblicke. Der Weg schlängelt sich entlang des Festlands. Wir laufen 3 bis zu dem Aussichtsturm und Parkplatz bei Rosenhagen. Dort befindet sich ein Infopunkt zum Torfmoor. Der Weg 4 ins Torfmoor ist offiziell gesperrt, aber verlockend, führt er doch als Abstecher direkt ins Moor hinein. Je nach Jahreszeit kann das recht schaurig sein. Nach diesem Abstecher kehren wir zurück bis zu der Kreuzung, an der es geradeaus nach Anklam und Usedom mit dem Fahrrad geht. Wir biegen rechts ab. Der Weg verläuft auf einer alten Bahntrasse und ist für Radfahrer weniger geeignet, deshalb ist es hier viel ruhiger als zuvor. Rechts und links ist man nun von Wasser umgeben. Rechte Hand hat man immer wieder das Torfmoor im Blick. Wir laufen die Strecke bis ganz zum Ende und biegen dann links nach Kamp ab und landen direkt am Hafen.

Info

🏨	Bus 216, von Anklam bis Rosenhagen (dann wird Rosenhagen zum Ausgangspunkt der Rundtour)
🅿	Am Hafen von Kamp
⛺	Schöne Heimat Ueckermünde, Torgelow, Eggesin, Nr. 218
🍴	Buden am Hafen von Kamp
🛏	Waldrestaurant und Hotel Heidemühl Heidemühl 3 17398 Ducherow Tel.: 039726-21386 www.hotel-ducherow.de stubenreine Hunde übernachten kostenlos
ℹ	Anklam-Information Markt 3 17389 Anklam Tel.: 03971-835-154 www.anklam.de
✚	Tierarztpraxis Adrian Lübecker Str. Ausbau 4 17373 Ueckermünde Tel.: 039771-54330 Mobil 0170-2727444

Schöne Waldwanderung – Wildbeobachtungskanzel – zum Ufer der Zarow

Von Mönkebude nach Zarowmühl

Hundefreundlichkeit: Einfach mal nur Wald: Das bietet diese Tour ohne Schnickschnack. Aber auch der Wald hat es natürlich in sich: Wildtiere und Pferdereiter kreuzen schon mal den Weg.

Tour-Info	↔ 15 km	⏱ 4 Std.	↕ 20 / -2 m
Kategorie:	mittelschwer		
Start-Ziel:	Ortseingang Mönkebude, Lübzer Landstraße		
GPS:	53°45'54.3"N 13°57'24.9"E		
Markierung:	gelb, rot, grün		
Wegecharakteristik:	96% Wanderweg – 4% Weg		

Die Einfach-nur-mal-Wald-Tour startet am Ende der Lübzer Landstraße. Wir folgen der gelben Wegmarkierung entlang der Hauptstraße Richtung Leopoldshagen.

Nach etwa 2,5 km biegen wir **1** an der Kreuzung links ab. Achtung: **!** Hier sind auch Reiter unterwegs. Wer auf Nummer sicher gehen will, folgt der gelben Wegmarkierung – oder läuft den schräg links abgehenden Weg, der sich etwas abwechslungsreicher Richtung **2** Grillhütte, Soldatengrab und **3** Wildbeobachtungskanzel schlängelt. Letztere ist unser Etappenziel. Schnurstracks geht es bis zum **4** Rastwanderplatz bei Zarowmühl – wir machen einen kleinen Abstecher nach Zarowmühl, wo es nicht mehr als ein Gehöft gibt. Immerhin haben wir hier einen guten Zugang zum Wasser der Zarow. Die Hunde können trinken, wir machen eine Pause, eh es auf dem Wanderweg mit der grünen Wegmarkierung zurück zum Ausgangspunkt geht.

Auf jeden Fall einen Abstecher nach Mönkebude an den Hafen machen und den Tag am Strand ausklingen lassen! Am Hafen von Mönkebude gibt es eine ganze Menge an Fischbuden und an anderen gastronomischen Einrichtungen. Im Ort selbst ist der „Goldene Löwe" bekannt, ein Gasthof, wo es allerdings **!** ein eigenes Wildgehege gibt.

Mönkebude

Mönkebude ist einer der erstaunlichen Orte der Umgebung, die seit 1990 eine ständig wachsende Einwohnerschaft verzeichnen. Die Geschichte reicht weit zurück: Ursprung ist eine alte slawische Siedlung, die 1244 erstmals als Mönkebude erwähnt wird. Der Name leitet sich von den „Mönchen" des Klosters Grobe auf Usedom her, die dort seit dem 12. Jahrhundert ansässig waren. Die „Mönche" hatten 1243 von Barnim I. das Recht bekommen im Haff und den umliegenden Wäldern Fischfang, Jagd und Holzabbau zu betreiben, deshalb Mönkebude = Haus/Bude der Mönche.

Info

H Bus 910, von Ueckermünde bis Mönkebude Kirche

P Am Startpunkt

Schöne Heimat Ueckermünde, Torgelow, Eggesin, Nr. 218

Gasthof »Zum goldenen Löwen«
Alte Dorfstraße 51
17375 Mönkebude
Tel: 039774-20391
www.gasthof-goldener-loewe.de
(Achtung: der Gasthof hat ein eigenes Wildgehege hinterm Haus)

Landhaus Mönkebude
Am Kamp 7
17375 Mönkebude
Tel.: 039774-29930
www.landhaus-moenkebude.de
begrenzte Hundeappartments/Zimmer

i Fremdenverkehrsverein „Mönkebude am Stettiner Haff" e.V.
Am Kamp 13
17375 Mönkebude
www.moenkebude.de

Tierarztpraxis Adrian
Lübecker Str. Ausbau 4
17373 Ueckermünde
Tel.: 039771-54330
Mobil 0170-2727444

TOUR 47

Alte Hafenstadt mit ansehnlichem historischen Kern – Hafen – Cafés

Die City-Tour durch Ueckermünde

Hundefreundlichkeit: **Städte sind natürlich keine Hundespielplätze – aber wer mal Abwechslung von der Natur braucht, kann diese kleine City-Tour auf jeden Fall machen. Immerhin: In der Stadt gibt es einige Brunnen und damit Wasserstellen für die Hunde. In den Cafés ist man ausgesprochen hundefreundlich. Freilauf ist hier allerdings nirgendwo angesagt. Eine Tour für Hunde, die gut an der Leine gehen.**

Tour-Info	↔ 2 km	🕒 1 Std.	↕ 5 / -1 m
Kategorie:	leicht		
Start-Ziel:	Ueckermünde, Parkplatz hinter dem Rathaus		
GPS:	53°44'15.7"N 14°02'53.2"E		
Markierung:	keine Markierung		
Wegecharakteristik:	100 % Gehwege		

Die Touristeninfo vermittelt organisierte Stadttouren – es gibt zwar keine speziellen Hunde-Stadt-Touren, aber einige Stadtführer, die selbst Hundebesitzer sind und genau wissen, wohin sie einen führen. Ins Schloss oder die alte Kirche im Zentrum kommt man dann mit Hund eben nicht, aber man erlebt auch eine Menge, wenn man folgende Stationen abklappert: Wir starten an der Touristeninformation. Die Stadt hat eine wechselvolle Geschichte: Im Dreißigjährigen Krieg wurde sie fast vollständig zerstört, von 1600 Einwohnern überlebten nur 15 den Krieg. Danach wurde Ueckermünde, wie ganz Vorpommern, schwedisch und 1720 an Preußen verkauft. Der nördliche Teil Vorpommerns mit Greifswald und Stralsund war sogar bis 1815 schwedisch. Direkt gegenüber von der Touristeninformation liegt der Stadthafen, in dem ab Frühjahr einige Kutter liegen und vom Schiff direkt Fischbrötchen verkaufen. Wir biegen in die Ueckerstraße rechts rein (gegenüber von der Ueckerbrücke). Danach wieder sofort rechts in eine kleine Gasse, die zum **1** Schloss

TOUR 47

Ueckermünde

Schöne alte Fachwerkhäuser: Ueckermünde lädt zum Bummeln ein

führt. Die an der Gasse liegenden Häuser gehören zu den ältesten der Stadt. Die Geschichte des Schlosses selbst führt bis ins 12. Jahrhundert zurück. Es ist kein Prunkbau von beeindruckender Größe, aber die wichtigsten Daten der Geschichte im Norden lassen sich gut nachvollziehen

Na ... wer flüstert da Otto etwas ins Ohr?

bis hin zu den Belagerungen der Truppen Wallensteins, die dem Bau zusetzten. Ab 1780 wurde das Schloss dann Rathaus – und ist es bis heute geblieben. Im Schloss befindet sich das Haffmuseum: Es werden Exponate aus der Ur- und Frühgeschichte und der Stadtgeschichte gezeigt. Das Gießereiwesen, die Ziegelei, die Schifffahrt und die Fischerei waren von je her Hauptwirtschaftszweige in Ueckermünde, dazu sind zahlreiche Exponate zu besichtigen.

Die Ueckerstraße führt uns anschließend zur Marienkirche: Für protestantische Verhältnisse reich ausgestattet. Die Kirche geht auf das Jahr 1766 zurück, Vorgängerbauten gab es seit dem 16. Jahrhundert.

Weiter geht es zum 3 Marktplatz: Hier lädt eines der Cafés zur Pause ein, wir sitzen, die Hunde trinken am Brunnen. Der Marktplatz kann derweil viele Geschichten erzählen: Von den Händlern und kleinen Geschäften, einer jüdischen Familie, von der städtebaulichen Vernachlässigung historischer Bausubstanz in der DDR und den Erhaltungsmaßnahmen der letzten Jahre, aber auch einiger Bausünden, die offensichtlich ins Auge stechen. Die Geschichten einzelner Gebäude sind kurz und knapp auf Tafeln an den Gebäuden und überall im Stadtzentrum dokumentiert.

Wir laufen die Ueckerstraße weiter bis zur 4 Mädchenschule von 1863/64. Dort biegen wir in die Hospitalstraße, gehen zum 5 Schweinemarkt und gelangen wieder zum Marktplatz. Linke Hand geht die Grabenstraße ab, die uns zum 6 Yachthafen führt. An der Hafenpromenade schlendern wir zurück zum Ausgangspunkt.

Info

	Zahlreiche Bus- und Zugverbindungen nach Ueckermünde, innerhalb der Stadt ist alles gut zu Fuß erreichbar
P	Hinter dem Schloss am Ueckerdamm freies Parken
🐾	Schöne Heimat Ueckermünde, Torgelow, Eggesin, Nr. 218
🛏	Hotel Am Markt & Ueckermünde Brauhaus „Stadtkrug" Markt 3/4 17373 Ueckermünde Tel : 039771-800
H	www.hotel-ueckermuende.de
i	Touristik-Information Ueckermünde Altes Bollwerk 9 17373 Ueckermünde Telefon: 039771-28484 www.ueckermuende.de
✚	Tierarztpraxis Adrian Lübecker Str. Ausbau 4 17373 Ueckermünde Tel.: 039771-54330 Mobil 0170-2727444

TOUR 48

Entlang des Haffs – Moore – Wald
Von Bellin nach Warsin und einmal zurück

Hundefreundlichkeit: Eine sehr abwechslungsreiche Tour mit vielen Wasserstellen. In Warsin laufen wir durchs Dorf mit seinen vielen Katzen und Wachhunden, aber nach 2 km verschwinden wir wieder im Wald.

Tour-Info	↔ 11 km	⏱ 3 Std.	↕ 24 / -3 m
Kategorie:	leicht		
Start-Ziel:	Bellin, Dorfstraße		
GPS:	53°44'09.5"N 14°07'48.7"E		
Markierung:	gelb, blau		
Wegecharakteristik:	66 % Wanderweg – 15 % Nebenstraße – 12 % Straße		

Die Dorfstraße Bellins laufen wir Richtung Warsin, biegen am Ortsende in den Strandweg ein (gelbe Markierung), dem wir im Grunde die ganze Zeit bis Warsin folgen. Der Weg führt an zwei wunderschönen **1**/**2** Wasserstellen vorbei – Hunde sind hier nur angeleint willkommen, aber von Herbst bis Frühjahr ist es hier vollkommen einsam. Wir umrunden den kleinen namenlosen See am nördlichen Ufer. Der Weg ist danach mit Betonplatten ausgelegt – ein Hinweis auf die frühere militärische Nutzung. Nicht weit war übrigens eine Kaserne bis in die 1990er-Jahre. Dem Wald folgt eine offenere, heideartige Landschaft, die übergeht in Uferabschnitte mit starkem Schilfbewuchs. Wir laufen an dieser Stelle auf dem Deich und genießen die weiten Blicke aufs Haff, eh wir in Warsin ankommen und rechts ins Dorf reinlaufen – begrüßt von zahlreichen kläffenden Wachhunden. Wir biegen auf die Nordstraße rechts ab, die in die Dorfstraße übergeht und uns nach Vogelsang führt. Dieses Stück verläuft komplett entlang der Straße. Nach der **3** Alten Schmiede und dem **4** Herrenhaus links der Straße nach Luckow folgen, nach 500 m dann sofort rechts in die Eggesiner Straße, an der einige Häuser stehen, aber schon bald direkt in dichten Wald führt – wir haben wieder unsere Ruhe. Wir nehmen die

erste Möglichkeit nach rechts, dann wieder rechts auf den großen Wanderweg (gelbe Markierung) Richtung Bellin. Diesen Weg müssen wir nur geradeaus gehen, er führt direkt auf die Jugendherberge in Bellin und zu unserem Ausgangspunkt.

Otto auf dem Deichweg Richtung Warsin

Info	
🚌	Bus 907, Richtung Haff-Grundschule
🅿	An der Dorfstraße in Bellin
🏖	Schöne Heimat Ueckermünde, Torgelow, Eggesin, Nr. 218
🍴	Restaurant Strandhof Bellin Dorfstraße 8B 17373 Ueckermünde 0151-52547436
🏨	Hotel & Ferienanlage Haffhus Dorfstraße 35 17373 Ueckermünde (Bellin) Tel. 039771-537-0 www.haffhus.de
ℹ	Touristik-Information Ueckermünde Altes Bollwerk 9 17373 Ueckermünde Telefon: 039771-28484 www.ueckermuende.de
✚	Tierarztpraxis Adrian Lübecker Str. Ausbau 4 17373 Ueckermünde Tel.: 039771-54330 Mobil 0170-2727444

Werbung

WILD HAZEL
DIE GASSITASCHE

WILD HAZEL
www.wild-hazel.de

Alter Postweg – Abstecher zum Hafen von Altwarp – Dünen mit offenen Grasflächen

Durch den Altwarper Forst zu den Binnendünen

Hundefreundlichkeit: Zu 90 % hat man auf dieser Tour sehr viel Ruhe, der alte Postweg ist von Fahrradfahrern kaum zu befahren, nur am Düsterholz läuft der Weg ein kurzes Stück parallel zur Autostraße, 1 km später überquert man die Nordstraße und kommt ins Dorf Altwarp. Dort gibt es Autorverkehr. Anschließend gibt es keine störenden Stressmomente mehr. Achtung: Auf der Tour gibt es keine Seen oder andere Trinkmöglichkeiten (und manche Hunde werden das salzige Haffwasser in Altwarp nicht trinken) – deshalb: reichlich Wasser im Sommer einpacken.

Tour-Info	↔ 15 km	⏱ 4 Std.	↕ 21 / -1 m
Kategorie:	mittelschwer		
Start-Ziel:	Warsin, Ortsausgang (Richtung Altwarp)		
GPS:	53°43′58.3″N 14°11′13.9″E		
Markierung:	gelb, blau		
Wegecharakteristik:	63 % Wanderweg – 18 % Weg – 9 % Nebenstraße – 8 % Straße		

Diese Wanderung führt durch den Altwarper Forst. Wir starten am Ortsausgang von Warsin (Nordstraße). Dort ist der Alte Postweg ausgeschildert, der uns direkt in den tiefen Wald führt. Bezeichnenderweise durchstreifen wir nach ca. 2 km auch das Düsterholz. Doch bevor es zu schaurig wird, geht der Weg ❗ ein Stück entlang der ganz gut befahrenen Nordstraße (bis Siedlung Altwarp). Dann links in die Siedlung Altwarp abbiegen und einen Abstecher zum 1️⃣ Repziner Haken machen. Das Besondere dort: Das Haff ist fast durchweg durch flaches Ufer und Schilfbewuchs gekennzeichnet. Am Repziner Haken warten jedoch Steilküsten. Dort gibt es zwischen Treudel und Möwenmoor auch eine Badestelle (Hunde nur angeleint erlaubt).

Wir folgen dem Weg zwischen Möwenmoor und Siedlung nach Altwarp

TOUR 49

Die Altwarper Binnendünen sind eine geologische Rarität

und laufen im Bogen ins Dorf und zum 2 Hafen, der für den Ort etwas überdimensioniert erscheint. Bis 1990 befand sich im Hafen ein Grenzstützpunkt. 1996 wurde der Hafen neu ausgebaut und der Personenfährverkehr zwischen Altwarp und dem polnischen Neuwarp eröffnet. Die „Butterschifffahrt" blühte. Mit dem Beginn des zollfreien Einkaufes 1991 nahm der Ort Altwarp einen beispiellosen Aufschwung. 1999 wurde der Hafen sogar um einen Fähranleger erweitert, der jedoch nicht genutzt wird. Seit dem Beitritt Polens 2004 zur Europäischen Union war damit Schluss. Seit dem Schengener Abkommen entfallen auch Passkontrollen. Das Hafengelände wird heute als Caravan und Wohnmobilplatz genutzt. Täglich fährt noch eine kleine Fähre ins polnische Neuwarp (dahin brechen wir bei der nächsten Tour auf!).

Wir gönnen uns erst mal ein Fischbrötchen am Hafen. Die linke Hälfte des Hafens wird von der örtlichen Fischereigenossenschaft genutzt, die dort eine Verkaufsstelle betreibt. Hier

Werbung

Gib Deinem Hund eine Kugel !

www.hamburgerkugeln.de

können Sie fangfrischen Fisch kaufen. Auch geräuchert wird direkt vor dem Geschäft. Das Fischgeschäft schließt jedoch schon um 15 Uhr.
Gestärkt geht's zu den **3** Binnendünen von Altwarp, südlich vom Dorf und gut ausgeschildert. Die Binnendünen sind eine Rarität: Nach der letzten Eiszeit führten die Westwinde auf den vegetationslosen Flächen zu Aufwehungen ganzer Dünenzüge. Größtenteils entstanden Wälder, vornehmlich mit Kiefern. Die unbewaldeten Abschnitte bilden das Kernstück der Altwarper Binnendüne. Dieser etwa 2 km lange Dünenzug beheimatet eine einmalige Flora und Fauna, auf die wir mit Hund sehr Acht geben sollten. Die Dünen sind mit wärmeliebenden Pflanzen- und Tieren besiedelt, von denen viele sonst nur in südlichen Gebieten vorkommen. So wachsen hier Silber- und Schillergras, Hainwachtelweizen, Bergsandknöpfchen oder der Schwalbenwurz. Auch Europas größte Grasmücke, ein Vogel wohlgemerkt, die 15 Zentimeter lange Sperbergrasmücke, ist hier heimisch.
Es geht weiter auf dem E9a-Wanderweg Richtung Warsin. Wir durchwandern das **4** wohlklingende Wacholdertal, folgen aber dem direkten Weg nach Warsin, und biegen von der Südstraße etwa auf Höhe des Glinkenbergs rechts ab (siehe Ausschilderung) auf den blau markierten Weg, der vorbei am Moritzberg über das Kloppberg-Gestell hinweg zurück zum Alten Postweg führt. Es ist geschafft!

Info

🚌	Bus 907, Richtung Haff-Grundschule
🅿	An der Nordstraße in Bellin, kein regulärer Parkplatz
🛏	Schöne Heimat Ueckermünde, Torgelow, Eggesin, Nr. 218
🍴	Fischbuden am Hafen von Altwarp
⛔	Hotel & Ferienanlage Haffhus Dorfstraße 35 17373 Ueckermünde (Bellin) Tel. 039771-537-0 www.haffhus.de
ℹ	Touristik-Information Ueckermünde Altes Bollwerk 9 17373 Ueckermünde Telefon: 039771-28484 www.ueckermuende.de
✚	Tierarztpraxis Adrian Lübecker Str. Ausbau 4 17373 Ueckermünde Tel.: 039771-54330 Mobil 0170-2727444

TOUR 50

Mit der Fähre nach Nowe Warpno – deutsch-polnische Grenze – wunderschönes Rieth

Um den Neuwarper See mit Ausflug nach Polen

Hundefreundlichkeit: Diese Tour ist für Zwei- und Vierbeiner eine Herausforderung: Man muss schon gut zu Fuß sein. Diese Tour ist sozusagen die Iron-Dog-Tour mit über 20 km – man sollte sich einen ganzen Tag reservieren und viele Pausen einlegen. Herausfordernd ist die Tour auch deshalb, weil wir mit einer kleinen Fähre nach Polen übersetzen, einige Straßen überqueren und in den zahlreichen Dörfern, die wir passieren, das eine oder andere Hühnchen, Vieh und Pferde am Wegesrand neugierig lauern. Wasser gibt's unterwegs nur in Tümpeln und Gräben oder das Salzwasser des Neuwarper Sees – deshalb reichlich Trinkwasser für den Hund mitnehmen.

Tour-Info	↔ 26 km	⏲ 7 Std.	⇅ 17 / -3 m
Kategorie:	schwer		
Start-Ziel:	Altwarp, Hafen		
GPS:	53°44'16.8"N 14°16'14.9"E		
Markierung:	gelb, rot		
Wegecharakteristik:	60 % Wanderweg – 20 % Straße – 13 % Nebenstraße		

Wir starten am Hafen von Altwarp und setzen mit der kleinen Fähre ins polnische Nowe Warpno über. Die Fahrt dauert nur knappe 10 Minuten. Nowe Warpno hat sich in den letzten Jahren gemacht: Hier flossen ordentlich EU-Entwicklungsgelder in die Infrastruktur. Nicht nur die Altstadt sondern auch die Strandpromenaden sind saniert und hübsch gemacht. Wir gehen einmal durch den Ort am **1** Rathaus von 1697 vorbei, indem sich auch eine Touristeninformation befindet, zur südwestlichen Spitze (links vom kleinen Fährhafen). Dort ist die für das katholische Polen typische herausgeputzte **2** Kirche, in der der polnische Papst Johannes Paul II. mal vorbeigekommen ist – prompt wurde ihm ein Gedenkstein gesetzt. Dem gegenüber befindet sich ein weiteres

TOUR 50

Denkmal – für die Mamis dieser Welt. Als (mindestens) Hundemamis (und – papis) fühlen wir uns da ja glatt angesprochen und geistig gestärkt, wem trotzdem noch ein wenig Energie fehlt, kann an der Strandpromenade in einem der beiden Cafés noch was trinken. Wir waren bei „U Magdy" (bei Magda), die gleich einen Trinknapf bereitstellten, eh der Kaffee für die Zweibeiner kam. Im Ort laufen übrigens einige Hunde frei herum, was nicht untypisch in kleinen Orten ist. Die Hunde sind sehr zahm, also keine Angst, wie überhaupt Polen sehr hundefreundlich sind, sie aber die enge Beziehung zu Vierbeinern übrigens als sehr deutsch ansehen. Offiziell gilt auch in Polen Anleinpflicht im öffentlichen Raum.

Wir laufen an der Strandpromenade vorbei an einem Open-Air-Fitness-Studio. Der Weg führt zur ul. Wojska Polskiego (Straße der Polnischen Armee), die nach ca. 1 km in die ul. Szczecinska (Stettiner Straße) übergeht. Dieser Abschnitt ist nicht sooo nett, wir laufen nämlich für ca. 3 km an der Straße entlang – aber es wartet Kompensation auf Sie! Kurz nach **3** der kościół ruglowy (St. Hubert Fachwerkkirche von 1697) geht ein kleiner Weg ab zu **4** Schloss Albrechtsdorf, eher ein Herrenhaus, das heute etwas heruntergekommen ist, aber einen schönen Park zur Wasserseite hat. Im Sommer finden hier Künstlerworkshops statt, deren Ergebnisse rund um das Schloss auch zu finden sind. Von der Zufahrtsstraße zum Schloss geht in der Kurve rechts ein kleiner Weg ab.

Wer gutes Schuhwerk und Lust auf ein Abenteuer hat, kann hier abbiegen. Alle anderen bitte zurück zur Straße, rechts, dann geradeaus bis wieder rechts der gut ausgebaute Wanderweg entlang der Trasse der ehemaligen Randower Kleinbahn kommt. Der Abenteuerweg führt indes über einige Gräben, durch moorige Abschnitte und manchmal entlang sehr zugewachsener Wegstrecken, bei denen eine Machete nicht schlecht wäre. Immerhin: Die Hunde waren total begeistert. Dieser Weg ist die direkte Abkürzung zum Wanderweg, der entlang der ehemaligen Randower Kleinbahntrasse nach Rieth führt.

Es gibt einen asphaltierten Radweg und parallel dazu einen Wanderweg. Nach ca. 2 km, kurz vor der polnischen Grenze, verläuft der Wanderweg nach rechts. Hier auf den Radweg überwechseln und die **5** Grenze überqueren. Heutzutage, dank der EU, erinnern nur noch Grenzsteine an die Grenze. Man kann also ohne Kontrollen passieren. Wer auf dem Wanderweg vor der Grenze geradeaus wandert, kommt zu einer wunderschönen **6** Wasserstelle, die sich gut als Pausenplatz anbietet.

> **Touristen-Hotline für Notfälle in Polen**
>
> Das polnische Tourismusamt bietet einen sehr hilfreichen Service: Wer in Not gerät, Pannen hat, Probleme etc. kann täglich von 8-18 Uhr, von Juni bis September auch bis 22 Uhr, telefonische Auskünfte und Hilfe in Deutsch erhalten. Hotline: 0048-222787777 / 0048-608-599999

An der deutsch-polnischen Grenze

Von dort hat man einen Blick auf den Riether Werder, einem national bedeutendem Vogelschutzgebiet, das nicht mehr betreten werden darf. Bis Anfang der 1960er-Jahre war die Insel landwirtschaftlich genutzt worden und bewohnt, weshalb noch Ruinen ehemaliger Gebäude zu sehen sind. Nach einer Pause muss man wieder ein Stück zurück zum Radweg laufen oder man watet durch den etwas breiteren Graben querfeld auf die deutsche Seite, von der aus der Weg weiter nach Rieth führt. Achtung: 🚗 Autoverkehr.

Rieth ist ein sehr schönes Dorf mit liebevoll restaurierten Häusern und erstaunlich guter Gastronomie. Absolut empfehlenswert: Das Café de Klönstuw, Dorfstr. 14. Die Besitzerin ist selbst Hundehalterin. Das Café liegt in einem großzügigen alten Haus mit tollem Innenhof. Der Kuchen war unglaublich lecker!

In Rieth geht's in den Stiegerweg Richtung Buchhorst und Hedwigshof, direkt entlang am Neuwarper See. Hier verkehren ab und an 🚗 noch Autos. Wir folgen den Schildern Richtung Stettiner Haff/Warsin. Diese Strecke ist bis Rehhagen auch Teil des Oder-Neisse-Radwegs, jedoch verläuft parallel zum Radweg ein Wanderweg, so dass es keine Kollisionen gibt. An der Kreuzung, von der aus ein Weg nach Rehhagen führt, laufen wir noch ein Stück Richtung Warsin, biegen aber bei der ersten Gelegenheit rechts ab, immer geradeaus nord-östlich bis zur **6** Südstraße, die mit Betonplatten an den Rändern ausgelegt und als Radweg ausgewiesen, aber so holprig ist, dass sich Radfahrer kaum hier entlang wagen. Die Südstraße gehen wir nun rechts, dann immer geradeaus. Nach ca. 2 km kommt der Abzweig ins Wacholdertal, links kommt ein 🔴 russischer Ehrenfriedhof, dann die Binnendünen von Altwarp. Wir sind wieder zurück am Ausgangspunkt. Am Hafen sollte man unbedingt die Füße nochmal ins Wasser halten und kühlen!

Info

🚌	Bus 907, Richtung Haff-Grundschule; Fähre nach Nowe Warpno
🅿	Am Hafen Altwarp (kostenpflichtig)
🗺	Schöne Heimat Ueckermünde, Torgelow, Eggesin, Nr. 218
🍽	Café de Klönstuw Dorfstr. 14 17375 Rieth Tel.: 039775-26854 www.cafe-de-kloenstuw.de
🏨	traumHaff Ferienhäuser Rieth am See Dorka-Bartelt GbR Dorfstr. 4 17375 Rieth am See Tel. 039775-26848 www.ostseeferienhaus.de
ℹ	Tourismusverein Stettiner Haff e.V. Altes Bollwerk 9 17373 Ueckermünde Tel: 039771-28485 www.ueckermuende.de
✚	Tierarztpraxis Adrian Lübecker Str. Ausbau 4 17373 Ueckermünde Tel.: 039771-54330 Mobil 0170-2727444

TOUR
51

Zur Abwechslung ins Binnenland – gute Ausschilderung – für Gartenfreunde: Botanischer Garten

Luckow umkreisen

Hundefreundlichkeit: Viermal kreuzen wir eine Straße und beim Übergang in den Fraudenhorst streifen wir für einige hundert Meter ehemals militärisch genutztes Gelände, das wegen schlummernder Sprengstoffe und Munition nicht betreten werden soll. Der Botanische Garten ist für Pflanzenfans spannend, aber leider für Vierbeiner gesperrt.

Tour-Info	↔ 11 km	🕐 3 Std.	↕ 19 / -1 m
Kategorie:	leicht		
Start-Ziel:	Luckow, Botanischer Garten		
GPS:	53°41'36.9"N 14°09'31.5"E		
Markierung:	gelb, blau		
Wegecharakteristik:	86 % Wanderweg – 11 % Weg – 3 % Straße		

Am Botanischen Garten von Christiansberg bietet sich der Start der Tour wegen der vorhandenen Parkplätze an. Wir laufen Richtung Christiansberger Straße, die wir überqueren und auf dem Waldweg (gelbe Wegmarkierung) weiterlaufen. Rechte Hand ist 🛑 militärische Absperrzone, nicht eingezäunt, aber Warnschilder weisen darauf hin, rechts den Wald nicht zu betreten. Das nehmen wir ernst und ziehen gerne weiter, saftige Wiesen und sanfte Erhebungen folgen, ein kleiner Wald, dann wieder Felder. Die Feldwege können von Traktoren schon mal befahren

Landschaft bei Luckow

TOUR 51

werden, aber naja, wir sind halt auf dem Land, da kann sowas schon mal vorkommen. Wir laufen auf dem gekennzeichneten Rundwanderweg nach Luckow rein. An der **1** Kirche geht's wieder rechts ab und weg von der Straße. Der Weg führt uns entlang der Industriestraße und schließlich zum Mühlenweg. Nach ca. 200 m links ab, kurz vor den **2** Drei Brudereichen. Im Bogen und zwischen Feldern, Freiflächen und Wald verläuft der Weg, der dann auf die Dorfstraße führt. Wir gehen rechts, nach 300 m laufen wir links in den Wald hinein. Es geht vorbei an **3** Teichen immer Richtung Christiansberg. Der gelb markierte Weg führt uns genau dorthin zurück.

Info

🏨	Bus 908, bis Christiansberg
🅿	Am Botanischen Garten
🗺	Schöne Heimat Ueckermünde, Torgelow, Eggesin, Nr. 218
🍴	Am besten an den Sporthafen in Rieth fahren, dort gibt es Fisch und wunderbare Ausblicke auf den Neuwarper See
🛏	traumHaff Ferienhäuser Rieth am See Dorka-Bartelt GbR Dorfstr. 4 17375 Rieth am See Tel. 039775-26848 www.ostseeferienhaus.de
ℹ	Tourismusverein Stettiner Haff e.V. Altes Bollwerk 9 17373 Ueckermünde Tel: 039771-28485 www.ueckermuende.de
✚	Tierarztpraxis Adrian Lübecker Str. Ausbau 4 17373 Ueckermünde Tel.: 039771-54330 Mobil 0170-2727444

Werbung

+49 (0) 33 98 3_50 73 5 . **www.joveg.de**

10% auf die Bestellung mit diesem Code: FREDOTTO10

Zwei Freilichtmuseen zum Leben der Ukranen

Die Kultour: Zum Ukranenland und Castrum Turglowe

Hundefreundlichkeit: Hunde und Museum? Geht nicht. Hier doch, weil es zwei Freilichtmuseen sind, in denen Hunde willkommen sind. Im Ukranenland gibt es sogar Freilichtmuseumshunde, die frei herumlaufen. Dennoch: In den alten Hütten wird altes Handwerk gepflegt, Fisch geräuchert, Fleisch getrocknet. Otto musste da definitiv vor seiner eigenen Gier gerettet werden – und an die Leine. Hier sind ebenfalls eine ganze Reihe Menschen unterwegs, spielende Kinder. Auf jeden Fall ist es aber eine gute Abwechslung zu den reinen Naturtouren.

Tour-Info	↔ 5 km	⏲ 2 Std.	↕ 15 / 1 m
Kategorie:	leicht		
Start-Ziel:	Ukranenland, Jatznicker Straße 31/Parkplatz		
GPS:	53°37'03.0"N 13°59'53.8"E		
Markierung:	blau, rot		
Wegecharakteristik:	85 % Wanderweg – 15 % Weg		

Los geht's am Parkplatz des Ukranenlands. Hinter dem Gästehaus läuft der Weg zum eigentlichen Museum. Es gibt eine kurze Variante (rechts abbiegend) oder eine längere (links abbiegend). Man kann sich kaum verlaufen, auf jeden Fall immer in Richtung Uecker orientieren, dann kommen wir zum Ukranenland **1**. Im Ukranenland erwartet den Besucher eine für Vorpommern einmalige museale Einrichtung. Nach archäologischen Befunden wurden hier Block-, Bohlen- und Flechtwandhäuser des 9. und 10. Jahrhunderts in Originalgröße rekonstruiert. Historischen Handwerkern wie Bronzegießer, Töpfer und Schmied kann man bei der Arbeit über die Schultern schauen und vielleicht auch einmal selbst probieren wie unter klingenden Hammerschlägen ein Feuerstahl entsteht.

Wir schauen uns um und machen uns dann auf zur nächsten Station.

Aus dem Ukranenland kommend gehen wir geradeaus zur Brücke, die wir überqueren und dann links den Feld- und Wiesenweg Richtung Torgelow nehmen. Während der gegenüberliegende Radweg stark befahren ist, ist unser Wiesenweg vollkommen leer. Nach ca. 1,3 km kommen wir in Torgelow an, passieren Kleingärten und kommen erneut zu einer Brücke. Dort weiter geradeaus bis zur Friedrichstraße, dann rechts. Wir stehen dann direkt vor dem Eingang des 2 Castrum Turglowe. Das Castrum Turglowe ist vom demselben Verein betrieben wie das Ukranenland. Vom 10. Jahrhundert arbeiten wir uns hier vor ins Mittelalter des Jahres 1281. Im Zentrum steht die mittelalterliche Burgruine der Stadt Torgelow. In der Burgruine kreuzen sich die Wege von Archäologie und Geschichtsforschung zum ersten Mal in einer urkundlichen Erwähnung vom Jahre 1281, als die brandenburgisch- askanischen Markgrafen Otto IV. und Konrad am 14. April auf der Burg Torgelow eine Urkunde für das Kloster Buckow (wahrscheinlich bei Kolberg) signierten. Im Castrum wird das Leben zur damaligen Zeit hautnah von Mitgliedern des Trägervereins in mittelalterlichen Gewändern dargestellt, auch hier können Hunde mitkommen. Danach geht's den gleichen Weg wieder zurück.

Info

H	Zugverbindungen von Berlin und Ueckermünde
P	Am Startpunkt
🚴	Schöne Heimat Ueckermünde, Torgelow, Eggesin, Nr. 218
🍴	Am besten die frühmittelalterlichen/mittelalterlichen kulinarischen Angebote in den Freilichtmuseen kosten. Im Castrum gibt es auch ein Café.
—	Haus an der Schleuse - Torgelow Schleusenstraße 5b 17358 Torgelow Tel.: 03976-43 17 78 www.OASE-Torgelow.de Hunde 8 Euro / sehr zweckmäßiges Hotel
i	Touristeninformation Friedrichstraße 1 / Villa 17358 Torgelow Tel.: 03976-255730 www.torgelow.de
✚	Tierärztin Denise Kutsch Ukranenstr. 2 17358 Torgelow Tel.: 03976-256606

Info

UKRANENLAND-Historische Werkstätten e.V.
Jatznicker Straße 31
17358 Torgelow
Tel.: 03976-202397
www.ukranenland.de
Eintritt 4 Euro, Hunde frei

Castrum Turglowe
Friedrichstr. 1
17358 Torgelow
Tel.: 03976-202397
www.ukranenland.de
Eintritt 4 Euro, Hunde frei

Impressum

Bibliografische Informationen der
Deutschen Nationalbibliothek
Die Deutsche Nationalbibliothek
verzeichnet diese Publikation in der
Deutschen Nationalbibliografie;
detaillierte bibliografische Daten
sind im Internet über http://dnb.d-nb.de abrufbar.

ISBN: 978-3-95693-017-1

Redaktionelle Mitarbeit:
Frank Petrasch, Berenike Schaak,
Denis Fracalossi

Grafisches Gesamtkonzept,
Titelgestaltung, Satz und Layout:
Stefan Berndt – www.fototypo.de

© Copyright: FRED & OTTO –
der Hundeverlag / 2015
www.fredundotto.de

Alle Rechte, auch die des Nachdrucks
von Auszügen, der fotomechani-
schen und digitalen Wiedergabe und
der Übersetzung, vorbehalten.

Illustration: Leandro Alzate
(www.leandroalzate.com)

Trotz intensiver Recherchen können
sich Telefonnummern etc. und De-
tails, selbst Wege verändern. Wir
freuen uns deshalb, wenn Sie uns
Verbesserungsvorschläge schicken.
Alle Angaben sind ohne Gewähr.

Abbildungsnachweis

alle Abbildungen:
FRED & OTTO – der Hundeverlag

außer Touren 1–17:
Holger Wetzel

 Finde uns auf Facebook unter www.facebook.com/fredundotto